실업자 도시

마리엔탈

실업자 도시

라진 일자리와
괴된 공동체에 관한
회지학

마리엔탈

마리 야호다,
파울 라차르스펠트,
한스 차이젤 지음
유강은 옮김

이매진

[이매진 컨텍스트 75]

실업자 도시 마리엔탈
사라진 일자리와 파괴된 공동체에 관한 사회지학

초판 1쇄 2021년 11월 26일
지은이 마리 야호다, 파울 라차르스펠트, 한스 차이젤
옮긴이 유강은
펴낸곳 이매진 **펴낸이** 정철수
등록 2003년 5월 14일 제313-2003-0183호
주소 서울시 은평구 진관3로 15-45, 1018동 201호
전화 02-3141-1917 **팩스** 02-3141-0917
이메일 imaginepub@naver.com
블로그 blog.naver.com/imaginepub
인스타그램 @imagine_publish
ISBN 979-11-5531-126-4 (93300)

· 환경을 생각해 재생 종이로 만들고, 콩기름 잉크로 찍었습니다.
· 값은 뒤표지에 있습니다.

추천사

《실업자 도시 마리엔탈》은 실업이 공동체의 구조와 삶에 미치는 영향을 다룬 연구다. …… 1930년 2월 마리엔탈 섬유 공장의 방직기가 마침내 가동을 멈췄다. 그리하여 이곳에 사는 478가구에서 4분의 3이 실업 급여에 생계를 의존하게 됐다. 그 뒤 1931년 후반에 심리학을 사회 문제와 경제 문제에 적용하는 데 관심을 가진 심리학자 팀이 이 오스트리아 사람들의 생활에 장기 실업이 미치는 영향을 집중 조사하기 시작했다. …… 이런 종류의 경험적 연구 중에서 처음 출간된 지 40년이 넘어 번역하고 재출간할 만한 가치를 지닌 책은 많지 않다. 《마리엔탈》은 아주 예외적인 사례다.

— 개빈 맥켄지Gavin Mackenzie, 《영국 사회학 저널British Journal of Sociology》

1930년 오스트리아는 우리가 아는 어떤 경제 위기보다도 훨씬 심각한 공황에 시달렸다. 빈 대학교 심리학연구소에 소속된 사회학 중심 그룹이 아직 제대로 이해되지 않은, 실업이 미치는 다양한 영향을 파악하기 위해 폐쇄적인 농촌 공동체를 연구하러 갔다. …… 감사의 말. 저자들이 마침내 번역을 허락하고 출간을 시도하기까지 우리가 40년을 기다리는 일은 없어야 했다.

— 아서 쇼스탁Arthur Shostak, 《소셜 포스Social Forces》

야호다와 라차르스펠트, 차이젤은 …… 실업이 서구 산업 사회 전체에서 문제로 자리잡던 순간에 실업 연구를 시작했다. 세 사람은 중대한 순간에 작지만 복잡한 오스트리아를 떠났다. 독보적인 기획과 창의성으로 무장한 세 사람은 최고 수준의 상품과 서비스를 누리는 물질적 소비에 나란히 세계에서 가장 끈질기고 비극적인 실업과 빈곤이 존재하는 몇몇 지역에서 새로운 조사 연구 운동을 이끌고 있다. 세계 인구 대부분이 놓인 상황에 비교할 때, 아이러니하게도 그런 실업과 빈곤은 풍요롭다. …… 이 작은 책은 현대의 경험적 사회과학이 그리는 궤적에서 결정적으로 중요한 문서의 하나(이론적 함의도 풍부히 담겨 있다)이며, 또한 우리 분야에서 세 사람이 쌓은 유명한 개인적 경력에서도 한 단계를 대표한다.

— 에버릿 휴즈Everett C. Hughes, 《현대 사회학Contemporary Sociology》

직접 경험하는 가난의 압박이 점점 커지는 사이에 인격체, 가족 구성원, 친구, 이웃 등등으로 살아가는 사람들에게 무슨 일이 벌어지는가? 이런 질문은 1931~1932년 오스트리아의 작은 도시만큼이나 오늘날 세계 각지의 가난한 공동체에도 의미 있는 물음이다.

— 앤서니 라루파Anthony L. Laruffa, 《미국 인류학American Anthropologist》

차례

일러두기

- Marie Jahoda, Paul F. Lazarsfeld, and Hans Zeisel, *Marienthal: The Sociography of an Unemployed Community*, Routledge, 2017을 우리말로 옮긴 책입니다.
- 한글 전용을 원칙으로 삼지만, 사람, 모임, 간행물, 개념 등이 처음 나올 때는 원어를 함께 적었습니다. 한글만으로 뜻을 짐작하기 힘든 말에도 한자나 원어를 써넣었습니다.
- 단행본, 정기간행물, 방송국 등에는 겹화살괄호(《 》)를 쓰고, 논문, 신문 기사, 그림, 사진, 노래, 연극, 영화, 방송 프로그램, 사진 연작, 판례, 단행본의 장 제목 등에는 홑화살괄호(〈 〉)를 썼습니다.
- 외래어를 표기할 때는 대부분 외래어 표기법 표기일람표와 용례를 따르고, '네이버 지식백과'나 '브리태니커' 등을 참조했습니다.
- 단행본은 한국어판을 밝혔고, 번역본이 여럿이면 '한국어판 다수'라고 적었습니다.
- 초판에 달린 주석하고 구분하느라 저자들이 영어판에 덧붙인 주석에는 '영어판'이라고 따로 표기했습니다.
- 원서에 표시된 강조는 고딕체로 표시했습니다.
- 저자들은 1930년대 중후반에 오스트리아를 탈출해 미국(라차르스펠트, 차이젤)과 영국(야호다)에서 살았습니다. 프랑크푸르트학파 학자들의 사례를 따라 독일어식으로 이름을 표기했습니다.
- 표 번호와 주 번호는 각 장마다 새로 매겼습니다.

사회학 연구가 영화 대본이 되는 일은 거의 없다. 책이 처음 출간되고 50년 정도가 흐른 뒤 영화 대본이 되는 일은 더더욱 드물다. 1988년, 처음에 《실업자 도시 마리엔탈》로 출간된 연구를 수행한 그룹의 생존 저자 중 한 명인 마리 야호다는 오스트리아 출신인 노련한 영화감독 카린 브란다우어Karin Brandauer가 연출한 텔레비전 다큐멘터리 드라마를 봤다. 야호다는 감독이 사회조사 연구를 소재로 어떤 작품을 만들 수 있는지를 알고는 깜짝 놀랐다. 야호다가 감상적 분위기와 몇 가지 잘못된 해석에는 반감을 느꼈지만, 이 영화는 그 뒤 줄곧 독일과 오스트리아의 여러 대학교에서 사회학 강의와 심리학 강의 때 기본 교재처럼 활용됐다. 〈그러는 사이에 정오가 된다Einstweilen wird es Mittag〉라는 영화는 1931년에서 1932년으로 넘어가는 무렵에 마리엔탈에 살던 어느 실업자가 작성한 시간 기록표의 한 구절을 인용해 제목을 지었다. 시간 기록표를 활용한 시도는 이 기념비적인 연구에서 공들여 만든 여러 혁신의 하나일 뿐이며, 평범한 보통 사람들의 말을 꽤 길게 인용한 방식도 그 무렵 중유럽에서 나온 학술 출판물에서는 드문 일이었다. 이런 혁신적 조사 연구에 관한 이야기, 저자들이 맞이한 운명과 책 자체를 보면 1930년대와 그 뒤 유럽 사회 조사의 역사에 관련된 교훈적인 통찰을 얻을 수 있다.

책

이 얇은 책의 원래 제목은 인상적이면서도 낯설다. 《마리엔탈의 실업자들 — 장기 실업이 미치는 영향에 관한 사회 조사 에세이, 사회 조사의 역사에 관한 부록 수록, 오스트리아 경제심리학연구센터가 수행하고 엮음Die Arbeitslosen von Marienthal, ein soziographischer Versuch über die Wirkungen langdauernder Arbeitslosigkeit, mit einem Anhang zur Geschichte der Soziographie, bearbeitet und herausgegeben von der Österreichischen Wirtschaftspsychologischen Forschungsstelle》. 그렇지만 장황한 제목을 읽다 보면 책 내용의 분명한 의미를 파악할 수 있다. 실업이 미치는 영향에 관한 연구라. 그런데 어떤 관점에서, 어떤 연구 방법을 사용해서, 사회과학의 어느 분야에서, 누가 한 걸까?

단행본으로 80쪽 정도 되는 8개 장으로 구성된 이 책은 본문에서는 학술 문헌을 한 번도 언급하지 않으며 간단한 표만 몇 개 있을 뿐 실질적인 통계 분석은 전혀 없다. 다른 한편, 저자들은 생생한 현실의 언어를 사용해서 독자에게 어느 실업자 도시의 일상생활을 꼼꼼하게 보여준다. 유럽에서 전세계적 경제 위기Worldwide Economic Crisis라 불리고, 미국에서는 대공황Great Depression 이라는 이름을 얻게 된 시절의 이야기다.

대학 도서관이나 서점에서 이 얇은 책을 훑어보는 미국인이라면 시카고 대학교에 몸담은 사회학자 로버트 파크^{Robert E. Park}가 가르친 제자들이 수행한 연구를 떠올릴 법하다. 유럽 사회과학의 역사에 어느 정도 익숙한 독자들도 이 책이 독일 저자들에게서 나온 연구라는 사실을 알아채지 못할 듯하다. 그렇지만 이른바 시카고학파는 전간기 빈에서 활동한 연구자 그룹에 직접적인 영향을 미치지 않았고, 당대의 독일 사회과학자들에게서 영향을 받지도 않았다.

《실업자 도시 마리엔탈》의 서론을 읽어보면, 연구자들이 무엇을 추구했고 실제로 어떤 연구를 했는지에 관해 독자에게 알려주는 식으로 전통적인 방식을 따른다. 첫 문단에서 저자들은 구할 수 있는 통계가 피상적이며 기자들이 한 보도는 몇 가지 본보기 사례만 다룬다고 주장한다. 저자들은 이 두 접근법 사이의 간극을 메우고 싶어했고, 우연한 인상을 피하려 노력했다. "마리엔탈 사람들의 생활을 보여주는 전반적인 그림을 그"려 보겠다(62쪽)는 제안은 책 전체에 걸쳐 실현된다.

오스트리아 수도 빈에서 동남쪽으로 32킬로미터 정도 떨어진 작은 도시 마리엔탈은 19세기 초에 리넨 공장의 부산물로 만들어졌다. 나중에 대형 사업장으로 확장되는 공장 주변으로 그 뒤 100년간 합스부르크 제국의 구석구석에서 온 노동자들이 정착했는데, 결국 눌러앉아 주민이 됐다. 1차 대전이 끝나면서 군주정이 무너진 뒤, 힘이 세어진 노동 운동은 1920년대 초에 그런 영향력을 등에 업고 파업을 벌였다. 겨우 몇 달 뒤 첫 정리해고의 물결이 몰아쳤지만, 공장은 원상태를 회복해서 전면 가동됐다. 1929년 봄에는 오스트리아의 은행 시스템이 붕괴해 은행 대출에 의존하던 기업들이 전부 타격을 받았다. 1929년 봄을 거치면서 리넨 공장과 협력 업체들이 전부 문을 닫았고, 작은 도시에 살던 거의 모든 가구가 실업 상태가 됐다. 이전에 일어난 불황에 견줘 큰 차이가 있다면 실업이 지속되는 기간 자체가 길었다는 점이다. 공장이 문을 닫고 2년여 뒤에 연구자들이 처음 마리엔탈에 온 때도 상황은 전혀 바뀌지 않았다. 아니, 오히려 좀 더 나빠졌다.

'생활 수준'을 다루는 3장에서는 마리엔탈의 생활 상태에 관해 자세히 설명한다. 다섯 가구 중 한 가구에서만 최소한 한 명이 정규 노동으로 소득을 벌고 있었다. 전체 가구의 4분의 3이 실업 급여에 의지했는데, 그때 실업 급여는 매우 낮았다. 실업 급여를 받는 사람들 중에서 극소수인 5퍼센트만이 최고 액수인 매월 '단위 소비자consumer unit'(단위 소비자의 정의는 85쪽 주 1을 보라)당 60실링(2000년 화폐 가치로 환산하면 102달러)을 받았다. 여기를 비롯해 이 책 전체에서 연구자들은 소득과 소득의 사용에 관한 원자료를 제시하는 데서 멈추지 않고 곧바로 굶주린 사람들의 경험으로 고개를 돌린다. 이른바 '가족 규약family protocol'은 이 절망적인 도시에서 벌어진 생존 투쟁을 생생하게 보여준다. 주말농장은 유일한 법적 해결책이었지만, '개가 사라져도 이제 주인은 굳이 실종 신고를 하지 않는다'(87쪽).

사회정책학회Verein für Socialpolitik 회원들이 개발한 사회적 회계 방식과[1] 노동 운동 관련 언론이 활용하는 사회적 르포르타주가 확고하게 자리를 잡고 있었지만, 연구자들은 계속 나아갔다. 연구의 후반부는 실업이 미치는 사회심리학적 영향에 전적으로 초점을 맞춘다.

'피곤한 공동체'에 관한 묘사를 시작으로 저자들은 이런 상황이 깊은 영향을 미친다는 사실을 보여준다. 불황이 닥치기 전에 마리엔탈은 사회민주당 노동 운동의 근거지였다. 어엿한 노동자 도서관이 있었고, 여러 신문이 유통돼 널리 읽혔으며, 지역 사회의 생활에 사람들이 적극 참여했고, 많은 동호회가 활동하는 한편 정치 캠페인과 선거에 참여하는 빈도가 높았다. 그런데 공장이 문을 닫고 뒤이어 재앙이 닥치면서 거의 모든 것이 멈춰섰다. 사람들은 책 읽을 시간이 많은데도 도서관에서 책 빌리는 일상을 멈췄고, 신문을 읽더라도 전처럼 꼼꼼히 살피지 않았으며, 회원에게 직접적인 금전적 이익을 제공하는 조직만이 증가세를 보였다. 특히 회원이 되면 보험을 제공하는 사회민주당 화장 상조회와 자전거 동호회의 성장세가 두드러졌다.

게다가 이 책 6장 제목이 보여주듯이 '빈곤에 맞선 대응'이 나타났다. 여기서 독자는 독일어 원문에서 '자세Die Haltung'(기술하

---

1 Anthony Oberschall, *Empirical Social Research in Germany, 1848-1914*, Paris: Mouton, 1965를 보라.

고는 무관한 의미로 자세나 태도를 뜻한다)라고 좀더 정확하게 명시된 현상을 발견한다. 100여 가구를 면밀하게 조사한 결과 '온전—체념—절망—냉담'이라는 각기 다른 네 가지 태도 유형이 발견됐다. 더 나아가 저자들은 심리 상태를 바탕으로 한 분류 와 소비자 단위당 평균 소득 사이의 교차 분석표를 작성했다(이 번에도 저자들은 이런 식으로 지칭하지 않았다. 독일어 원문에 서는 사회학적이고 심리학적인 '태도' 개념을 사용하지 않은 때 문이었다). 소득이 적을수록 가족이 대응할 수단이 별로 없었다. 한 달에 고작 34실링(2000년 화폐 가치로 환산하면 58달러)을 버 는 사람이 여전히 온전하다고 여겨지는 반면, 월 소득이 19~25 실링(32~42달러)인 가구는 파탄(절망과 냉담) 범주에 해당한다. 이런 조사 결과는 그사이 사회과학자들에게 흔한 지식이 되고 여러 번에 걸쳐 확인됐지만, 1933년에는 놀라운 발견이었다. 정 치 활동가들과 사회과학자들은 빈곤에 맞서는 좀더 적극적이고 저항적인 대응을 기대했다. 온갖 부류의 마르크스주의자들은 자본주의가 최종 붕괴한 뒤 혁명이 일어나게 된다고 예상했다. 《실업자 도시 마리엔탈》은 일반적 통념에 정반대되는 인상적인 교훈을 줬고, 역사 자체가 그 경험의 정당성을 확인해줬다.

특별히 흥미로운 부분은 '시간의 의미'를 다루는 7장이다. 로 버트 머튼Robert K. Merton이 '사회적으로 기대되는 지속 기간Socially Expected Durations'에 관한 독창적인 논문에서 지적한 대로, 여기서 제시되는 통찰은 '지속적인 연구 프로그램을 위한 중심점'보다는 '일시적인 파생물'로 등장했다.[2] 연구 결과로 이어진 관찰은 연구팀이 초기에 세운 계획의 일부도 아니었고, 당대의 조사 연구 방식이나 이론에 내포돼 있지도 않았다. 시간의 사회학은 아직 미지의 영역이었다. 연구자들이 마리엔탈에서 시간 사용에 관해 밝혀낸 사실은 완전히 의외의 결과였지만, 그렇다 하더라도 이어지는 연구를 위해 중요한 요소였다. 뜻밖의 발견이었다. 마리엔탈 체류 막바지에 연구 그룹에 속한 어떤 이가 남자가 여자보다 중심가를 더 천천히 가로지르고 도중에 자주 멈춰 선다는 사실에 주의를 환기시켰다. 연구자들은 곧바로 이런 행동에 관심을 돌려서 스톱워치를 구해다가 안 보이는 곳에 자리를 잡고서 사람들이 멈춰 서는 횟수를 집계하고 걷는 속도를 측정했다. 이런 비개입적 관찰의 결론은 여자들이 실업 상태가 아니라 돈을 받지 못하고 있을 뿐이라는 사실이었다. "여자들은 하루 종일 쉴 새 없이 일을 한다"(165쪽). 연구자들은 시간 사용뿐만 아니라 실업에 대처하는 성별의 차이에 관해서도 예상하지 못한 사실을 발견한 셈이다. 두 통찰 모두 꼼꼼하게 관찰한 결과였고, 경험적 데이터를 편견 없이 해석해 거둔 성과였다.

결론에 해당하는 장에서는 '이런 삶이 얼마나 계속될 수 있는가'라는 질문을 던진다. 스스로 솔직하게 털어놓듯이 저자들은

---

2 Robert K. Merton, "Socially Expected Durations: A Case Study of Concept Formation in Sociology", *Conflict and Consensus: A Festschrift in Honor of Lewis A. Coser*, Walter W. Powell and Richard Robbins(eds.), New York: Free Press, 1984, p. 272.

확실한 대답을 내놓을 수 있는 처지가 아니었다. 그렇지만 저자들은 또 다른 관점, 곧 불운한 생활 상태에 대처하는 생애사적 차원으로 독자의 관심을 돌렸다. '과거에 특별히 부유하던' 이들은 '실업에 맞서서 능숙하게 다른 방식으로 대응'했다(192쪽). 연구 자원이 부족한 탓에 연구자들은 이 논점을 더 정교하게 발전시키지 못했다. 본문은 인상적인 문장으로 끝을 맺는다. "우리는 과학자로서 마리엔탈에 와서 단 하나의 바람만을 품고 떠난다. 이런 조사 연구를 수행할 수 있는 비극적 기회가 우리 시대에 다시 생겨나서는 안 된다는 바람이다"(197쪽).

따라서 조사를 마무리하고 연구 결과를 출간한 뒤에도 저자들은 마리엔탈 사람들의 운명에 계속 관심을 뒀다. 1933년 말, 마리 야호다는 마리엔탈로 돌아가서 연구팀이 조사를 끝낸 뒤로 어떤 일이 생겼는지 알아봤다. "우리가 마리엔탈에서 조사하는 내내 이번만은 사실을 기술하는 조사자 구실에만 제한되지 말고 사람들을 조직하거나 도움을 주고 싶다는 열망이 연구 그룹의 모든 성원들 마음속에 싹텄다." 뉴욕에 살던 파울 라차르스펠트에게 보낸 메모에서 야호다는 자기가 겪은 경험을 간단하게 정리하면서 주요한 장애물 하나를 조금 길게 이야기했다. 새로운 권위주의 정권이 의용 근로봉사단Freiwilliger Arbeitsdienst 가입을 강요하는 식으로 실업자들에게 일을 시키는 자체 계획을 세운 상태였다. 오스트리아의 반독재 세력이 엥겔베르트 돌푸스Engelbert Dollfuss와 돌푸스의 후계자 쿠르트 슈슈니크Kurt

Schuschnigg 정권을 가리키는 '엉성하기는 해도 그래도 독재'에서 기인하는 현상이라면 거의 무엇이든 반대하기는 했지만, 야호다는 이런 '복지에서 노동으로welfare-to-work' 기획에는 찬성했다. "어떤 식으로든 노동을 제공해야만 실업에 따르는 체념을 물리칠 수 있다."[3]

방법론

책 제목은 방법론으로 '사회지학sociography'을 언급한다. 이 용어는 오늘날 생소하게 들리는데, 그때도 마찬가지였다. 젊은 파울 라차르스펠트를 중심으로 한 이 그룹은 왜 이미 있는 경로를 따르지 않고, 새로운 경로를 개척하려 했을까? 무엇이 정말로 새로웠고, 무엇이 단지 재발명일 뿐이었을까? 이런 혁신은 어떻게 나타났고, 왜 생겨났을까?

이런 질문들에 답하는 몇 가지 실마리를 본문 자체에서 찾을 수 있다. 저자들은 경쟁자들이 쓴 방식과 자기들이 쓴 방식을 비교하지도 않고 여기에 필적하는 다른 방법론들을 논의하면서 자기들이 한 결정을 정당화하지도 않지만, 그래도 자기들이 쓴

---

3 Zwei Jahre später(4쪽짜리 타자 문서): Paul F. Lazarsfeld Papers, Columbia University's Butler Library Rare Book and Manuscript Division, box 39.

연구 전략을 장황하게 이야기하기 때문이다.

　이 연구 그룹은 예비적인 메타 이론적 문제들을 토론하느라 시간을 허비하지 않았다. 자기들이 한 연구를 사회과학의 역사 속에서 되짚어 보는 일은 조사가 끝난 뒤 쓴 사회지학의 역사에 관한 부록에 남겨뒀다. 연구자들은 별다른 준비 없이 즉흥적으로 프로젝트를 시작했다. 1931년 가을에 예비 조사를 시작했는데, 그해 말 즈음 젊은 심리학과 대학원생 로테 단치거^{Lotte} Danziger가 마리엔탈 지역 사회에서 6주 동안 생활하려고 들어가면서 현지 조사에 착수했다. "로테 단치거 박사가 …… 사전 작업을 한 덕분에 주민들을 쉽게 접촉할 수 있었다. …… 단치거가 신뢰를 불어넣은 덕분에 노동자들이 마음 놓고 방대한 생애 자료를 우리에게 털어놓았다"(67쪽). 로테 셍크-단치거(결혼 뒤 이름)는 반세기가 지난 뒤 인터뷰에서 그때 한 경험에 관해 느낀 복잡한 감정을 설명했다.

　그래요, 한동안 거기 살면서 많은 인터뷰를 했지만, 정말 싫었습니다. …… 끔찍한, 정말 소름끼치는 방에서 지냈어요. 일주일인가 어쩌면 열흘 정도였답니다. …… 아침에 집에서 나와서 각기 다른 가족하고 몇 차례 인터뷰를 하고는 오후에 기록을 했죠. …… 사람들 앞에서 내용을 적으면 안 됩니다. 그러면 바로 하던 이야기를 멈추거든요. 그러니까 기억을 더듬어서 대화 내용을 작성해야 했죠.[4]

핵심 그룹에 속하지 않은 사람이 현지 조사 수행을 위임받은 데에는 반드시 아주 사소한 이유들이 있었다. 마리 야호다는 박사 학위 논문을 완성하는 한편 최종 시험을 준비하는 중이었고, 라차르스펠트는 다른 조사를 진두지휘하느라 분주해 긴 시간 동안 조사 현장을 비울 수 없었고, 빈에서 아버지가 운영하는 법률 사무소에서 일하던 한스 차이젤도 마찬가지로 오랜 시간 자리를 비울 수 없었다. 우리는 얼마나 많은 임시직이 가끔 도와준지 알지 못하며, 단지 '심리학자 10명'이 현지 조사를 수행하면서 그곳에서 '120일 정도 작업'을 하고(71쪽) 로테 단치거가 전체 현지 조사 업무의 3분의 1 정도를 수행한 사실만 안다.[5]

나중에 오로지 이 연구만으로 서로 연결되는 《실업자 도시 마리엔탈》의 세 저자는 현지 조사에 주도적으로 참여하지 않았지만, 그래도 일주일에 한두 번 열린 회의에서 '일정을 조정'(71쪽)했다. 이런 사실을 언급하는 이유는 사전에 분명한 연구 설계가 전혀 마련되지 않고 조사 과정에 들어가서야 여러 가지 가능한 기법과 접근법이 발견된 점을 뒷받침하기 때문이다. 따라서 이

---

4 Interview with Professor Lotte Schenk-Danzinger by the author, Vienna, June 14, 1988(transcript in the Archive for the History of Sociology in Austria, AGSÖ, Graz).

5 Paul Lazarsfeld, "An Unemployed Village", *Character and Personality* 1, 1932, p. 148. 라차르스펠트는 세상을 떠나기 직전에 한 인터뷰에서 협력자들 이름을 말하면서 훗날 오스트리아 총리가 되는 브루노 크라이스키(Bruno Kreisky)도 마리엔탈에서 자기 밑에서 일했다고 주장했다. Nico Stehr, "A Conversation with Paul F. Lazarsfeld", *American Sociologist* 17(3), 1982, pp. 150~155. 이 주장을 뒷받침하는 다른 자료는 없지만, 〈라차르스펠트 문서(Lazarsfeld Papers)〉에 있는 〈마리엔탈 파일(Marienthal Files)〉에서 다른 이름들을 찾아볼 수 있다.

표 1 《실업자 도시 마리엔탈》에서 쓴 방법과 오늘날의 상응물

현재의 분류			원래 표시법
비개입적 데이터 수집 ↑	양적 데이터	기성 공식 통계	선거 결과*
			인구 통계*
			가계비 통계*
			노사위원회 보고서와 고충 처리*
		내용 분석	회계 장부*
			도서관 기록(대출)*
			신문 구독*
			동호회 회원 수*
	질적 데이터		가족 일지*
	양적 데이터	구조화된 관찰	걷는 속도 측정
	질적 데이터	참여 관찰	가정 방문*
		실행 연구	의복 프로젝트
			의료 상담
			패턴 디자인 강습
			여학생 체육 교실
			정치 활동
			부모 지도*
		전문가 보고	교사, 본당 신부, 시장, 의사, 기업인, 정치 클럽을 비롯한 단체 간부*
		주관적 자료	학교 글쓰기, 백일장*
		심리학 테스트	심리학 테스트*
		기록 작성	가족 파일, 각 성원당 별도의 파일
↓	양적 데이터		식사 기록*
개입적 데이터 수집	양적 데이터		시간 기록표
	질적 데이터	개인 인터뷰	생애사*

*는 사회과학 연구 프로젝트에서 이전에 쓰인 방법을 가리킨다.

연구의 주요한 이점 하나는 연구팀이 경직된 방법론적 틀을 고집하지 않고 유연하다는 사실이었다. 현지 조사자들에게 제시되는 지침이 정기적으로 수정됐다.

게다가 고참 연구자들이 데이터 수집 과정에 참여하지 않은 방식이 연구팀 내부의 지위에 따른 분업이 발전된 결과가 아니라는 사실도 언급하고 넘어가야 한다. 연구 설계를 책임진 연구자들이 방법론적인 이유에서 편견 없는 현지 조사자를 활용하는 방식은 나중에 일반적인 표준이 됐다.

《실업자 도시 마리엔탈》의 혁신적 성격을 확인하려면 우리는 비교를 해봐야 한다. 연구팀이 활용한 기법 중에서 무엇이 (자기들이 한 조사나 다른 연구자들이 한 연구에서) 전에도 사용된 적이 있는가? 둘째, 현재 통용되는 분류법에 따르면 이 기법은 어느 범주에 해당하는가? 표 1에서 알 수 있듯이 오늘날 가장 흔하게 사용되는 방법, 곧 대상자들의 견해와 태도를 묻는 개인 인터뷰가 그때는 별로 중요하지 않았다. 인터뷰를 하더라도 오늘날 쓰는 종류하고는 아주 다른 지침을 따랐다. 사람들을 만나 대화를 하는 동안 설문 조사를 하는 경우는 전혀 없었다. 공식 통계 정보 말고 연구자들은 독창적인 데이터 수집 방법을 발전시켰다. 연구자로 훈련받을 때나 관련 문헌에서 접한 적이 없는 방법이었다. 사회정책학회에서 수행한 조사나 빈 대학교 심리학과에서 배운 내용을 바탕으로 익숙해질 수 있던 방법은 전문가 인터뷰, 생애사 녹음, 학교 글쓰기 유도, 심리학적 테스트 활용(그렇지만 예산이 부족해서 이 기법은 제한됐다) 등이었다.

오늘날 쓰는 용어로 하면 이 주요한 방법을 '실행 연구action research'라고 분류할 수 있지만, 엄격하게 말하면 정확한 용법은 아니다. 마리엔탈 연구팀이 응답자들을 정치적으로 활성화하는 일을 주요한 목표로 삼지 않은 때문이었다. 실행 연구는 궁극적으로 연구자들이 스스로 조사하는 공동체를 위해 무엇이 '좋은 지'를 안다는 함의가 들어 있다. 그러므로 연구는 개입주의적 성격을 띠고, 연구자들은 공동체에 결여돼 있다고 보는 사회운동을 만들어내려 한다. 마리엔탈 연구자들이 구별되는 특징은 자기들이 세운 목표를 사람들의 '요구'에 종속시킨 점이다. "우리는 조사자 전체가 단순한 보고자나 외부의 관찰자로 마리엔탈에 체류해서는 안 된다는 일관된 방침을 정했다. 모든 이가 마리엔탈에 도움이 되는 몇몇 활동에 참여하는 식으로 공동체 생활에 자연스럽게 녹아들어야 했다"(66쪽).

표 1은 또한 '여러 방법이 혼용된 점'을 보여준다. 연구자들은 삼각 측량을 활용했다. 노먼 덴진Norman K. Denzin이 이런 조사 방법을 고안해내기 한참 전의 일이다.[6] 데이터를 수집하고 수집한 데이터를 결합하기 위해 여러 방법을 활용하려는 시도가 이어졌다. 《실업자 도시 마리엔탈》은 모범적인 방식으로 대상에 적절한 방법론을 사용하고 상황에 맞게 어울리는 방법론을 선택해야 한다는 원리를 고수했다.

훗날 야호다는 회고했다. "문제에 집중한 결과로 방법론이 등장했을 뿐이지 방법론 자체를 위한 방법론을 만들어내지는 않았다."[7]《실업자 도시 마리엔탈》이 출간되기 전에도 차이젤은 비슷한 주장을 펴면서 '우리가 따른 방법에 관한 어떤 비판'도 되받아쳤다. 차이젤은 자기들이 선택한 연구 설계가 '전문 과학의 관점에서 볼 때 일관성이 부족'하며 '심리학과 사회학을 분리하려고 공들여 세운 방법론적 분리 장벽'을 존중하지 않았다는 지적을 거부한다. 그러면서 연구팀이 선택한 접근법의 '특별한 이점'을 이렇게 강조한다.

우리는 이 연구 설계를 통해 …… 획일적인 하나의 관점을 채택하려 하지 않고 마리엔탈 실업자 도시로 대표되는 사회 현상을 통일적으로 기술할 수 있었다. 이 접근법이 지닌 방법론적 이점은 궁극적으로 적용되는 사회과학 연구의 목적에 직접 연결된다. 우리 행동의 근거를 제공하려 하는 접근법이다.[8]

이렇게 대충 방법론을 훑어보면 이런 혁신적 접근법이 어떻

6 Norman K. Denzin, *The Research Act: A Theoretical Introduction to Sociological Methods*, Englewood Cliffs, N.J.: Prentice Hall 3rd ed., 1989, p. 234 ff.

7 Marie Jahoda, "Aus den Anfängen der sozialwissenschaftlichen Forschung in Österreich", *Zeitgeschichte* 8, 1981, pp. 133~141; *British Journal of Social Psychology*.

8 Hans Zeisel, "Zur Soziographie der Arbeitslosigkeit", *Archiv für Sozialwissenschaft und Sozialpolitik* 69(1), 1933, p. 105. 이 인용문이 들어 있는 문단은 교정 작업이 끝나고 덧붙인 듯하다. 따라서 검토자나 다른 논평자가 제기한 비판에 대응한 답변으로 볼 수 있다(그렇지만 그때는 아직 동료 심사 절차가 등장하지 않은 사실을 고려해야 한다).

게 가능했느냐는 문제가 제기된다. 이번에도 '30킬로그램에 이르'는(71쪽) 원자료가 정치적 상황 때문에 유실된 탓에 남아 있는 정보를 바탕으로 답을 재구성해야 한다. 라차르스펠트는 서론에서 데이터 수집 문제를 이야기하면서 어떤 답이 가능한지에 관해 몇 가지 실마리를 제공한다.

우리는 현실 상황을 참여 관찰하는 몰입^{sich einleben}하고 수치 데이터를 결합하는 방법을 찾자는 구상을 했다. 이런 목적을 달성하려면 마리엔탈 주민들을 최대한 밀접하게 접촉해서 일상생활을 구석구석까지 알아내야 했다. 동시에 우리는 하루하루를 꼼꼼히 파악해서 객관적으로 재구성할 수 있어야 했다. 마지막으로, 이 모든 세부 내용을 최소한의 기본적 행동 양상의 표출로 볼 수 있게 전체적인 구조를 만들어내야 했다. (61~62쪽)

차이젤은 이 논증하고 똑같은 논증을 따르면서 '비개입적 관찰^{unobtrusive observation}'이라는 미국식 방법의 중요성을 강조한다. 원래 부록에 실려 있던 이 부분은 미국판에서는 빠졌다.[9] 따라서 그 시대의 독자들은 《실업자 도시 마리엔탈》이 거둔 가장 위대한 성취가 오스카 아돌프 오저^{O. A. Oeser}가 말하는 이른바 '기능적 침투^{functional penetration}'라고 봤다.

관찰자들은 연구 대상 공동체에 노트와 카메라를 가지고 기자로 접근하기보다는 최대한 그 공동체에 받아들여지는 성원으로 접근한다. 공동체 안에서 뚜렷하고 알기 쉬운 몇 가지 구실을 맡는다. 공동체의 성원이 어떤 질문에 답을 줄지에 연관된 마음 상태는 질문자를 대상으로 한 수용이나 거부, 중립 등의 태도에 따라 달라진다는 사실은 분명하다. 다른 한편, 관찰자가 공동체에서 어떤 구실을 맡으면 질문을 던지기가 쉬워질 뿐 아니라 별 다른 구실이 없을 때하고 다르게 많은 관찰과 질문이 생겨나기도 한다.[10]

그렇지만 공동체 성원들에게 도움이 되는 활동에 참여하려면 몇 가지 전제 조건이 충족돼야만 한다. 첫째, 연구자가 연구 분야들 사이에 한층 더 엄격한 구분선을 그어야 한다는 강요에 반대해야 하며, 다음으로 방법론적인 이유에서 고상하고 안전한 사회적 지위를 포기하고 객관적으로 관찰하는 학자의 지위를 버릴 각오가 돼야 한다. 그렇다고 해서 공동체의 일상생활에 개인적으로 참여하는 행위가 관찰자 구실을 압도할 정도로 헌신적 태도에 빠져 퇴행해야만 한다는 뜻은 아니다. 실제로 이 접근법은 거의 역설적인 다음 같은 규정으로 설명하는 방식이 최선일 수 있다. 연구자는 자기가 연구하려 하는 사회 집단에 일

---

9 Hans Zeisel, "Zur Geschichte der Soziographie", *Die Arbeitslosen von Marienthal*, Leipzig: Hirzel, 1933, p. 120.

10 Oscar A. Oeser, "Methods and Assumptions of Field Work in Social Psychology", *British Journal of Psychology* 27, 1938, p. 352.

시적으로 참여한다는 규정 말이다. 어떤 집단의 새로운 성원으로 구실을 하면, 공동체 성원들에게 자기 존재를 설명할 수 있을 뿐만 아니라 자기의 학문적 관심을 추구하는 공동체 안에서 다른 사람들하고 일정한 거리를 두는 구실을 찾을 수 있다. 연구자는 두 구실 사이에서 끊임없이 균형을 잡아야 하지만, '상황에 몰입'하면 자기가 조사하고 있는 사회적 삶에 관련된 '직접적 정보와 공감적 이해'를 얻을 수 있다.[11] 일단 현지 조사를 마무리하면, 이 지식은 참여 관찰자가 사회적 현실에 관한 더욱 타당한 해석과 기술에 도달할 수 있게 도와준다. 수집된 자료를 **평가할** 때에야 수량화가 시작될 수 있다.

유럽 사회과학계에는 생소한 참여 관찰을 활용할 수 있던 이유는 연구자들이 당대 유럽의 관행에서 거리를 둔 때문이었다. 그 시대에 유럽의 사회과학자들은 평판 때문에, 그리고 사회적 지위 때문에 객관성을 최대로 끌어올리는 데 주로 관심을 기울였다. 차이젤은 《실업자 도시 마리엔탈》하고 동시에 출간한 한 논문에서 이런 거리 두기를 설명했다.

현대 행정망이 확보한 통계 데이터에서 드러나는 전반적 개요와 과학에 바탕을 둔 사회학이 제공하는 비교적 추상적인 지식 사이에는 사회적 사건들에 관한 우리의 지식에서 간극이 자리한다. 우리는 사회지학적 방법의 과제가 이런 간극을 메우는 일이어야 한다고 본다.[12]

이 연구의 혁신적 성격을 뒷받침하는 또 다른 요인은 뷜러 학파의 행동주의를 긍정적으로 수용한 점이었다. 카를 뷜러Karl Bühler를 따르는 학파에서는 새로운 관념이 메마른 교조로 화석화되도록 내버려두는 대신 계속 방법론적 접근법을 만들어냈다. '현대적 조사 방법을 활용해 실업의 심리적 측면을 조명'하려 했다는 라차르스펠트의 말은 따라서 연구팀이 추구한 목표를 아주 능숙하게 기술한 구절이다.[13] 게다가 연구팀은 실업자 도시 연구 제안을 실현하려고 뷜러 부부가 한 중재를 거쳐 록펠러 재단에서 돈을 받았다(사회민주당이 지도부를 맡은 빈 노동회의소 Viennese Chamber of Labor에서도 작은 액수이지만 자금을 받았다).

《실업자 도시 마리엔탈》을 혁신적 연구로 만든 인지적 측면만을 열거한다면 전체적인 그림이 그려지지 않는다. 실제로 정치적 측면과 사회적 측면들이 그만큼 적절했다. 사회지학의 역사를 다룬 부록에서 차이젤은 유럽 바깥의 몇몇 연구자들이 참여 관찰 방법을 활용하려 시도한 적이 있다고 지적한다. 그렇지만 그중 아무도 이런 접근법을 활용할 수 있으려면 어떤 사회적 전제 조건이 충족돼야 하느냐는 문제를 제기하지 않았다.

물론 연구자가 자기가 연구하는 공동체 안에서 단순히 사실

11 Marie Jahoda, *Arbeitslose bei der Arbeit. Die Nachfolgestudie zu 'Marienthal' aus dem Jahr* 1938, Christian Fleck(ed.), Frankfurt: Campus, 1989, p. 4.
12 Hans Zeisel, "Zur Geschichte der Soziographie," 1933, p. 96.
13 Paul F. Lazarsfeld, "An Unemployed Community," 1932, p. 147.

을 전달하는 기자나 중립적 관찰자를 넘어설 수 있게 되기를 바란다고 해도 언제나 계획대로 실행할 수는 없으며, 분명히 그 계획의 성패는 연구자가 하는 노력보다 더 많은 요소에 좌우된다. 조사 연구를 둘러싼 저항, 오해, 연구자의 개인적 무능력 같은 이유 때문에 연구가 실패로 돌아갈 수 있다. 다행히《실업자 도시 마리엔탈》은 이런 난관에 부딪히지 않은 듯하다. 실제로 연구자들이 조사 연구를 성공리에 마무리한 결과는 마리엔탈 주민 전체가 실업자로 전락한 사실만이 아니라 연구자들이 사회민주당 노동 운동에 깊숙이 관여한 사실 덕분이라고 주장할 수도 있다. 모든 주민이 잠재적 연구 대상이 된 만큼 연구에 관심 있는 집단을 선별하고 접촉하는 일은 문제가 아니었다. 연구자와 대부분의 응답자가 사회민주당을 공통 배경으로 삼는 상황도 잠재적 난점들을 극복하는 데 도움이 됐다. 사회과학자들과 사회민주당 당원들이 서로 존중한 덕분에 두 분야의 협력이 장려됐다. 이를테면 연구팀은 초기 계획을 오토 바우어^{Otto Bauer} 하고 논의했는데, 사회민주당의 지도적 지식인인 바우어는 노동자의 여가 활동을 연구하겠다는 계획을 포기하라고 설득하면서 차라리 실업이 미치는 파괴적 영향을 조사해보라고 조언했다. 더 나아가 바우어는 이 젊은 사회심리학자들에게 전략적 이점이 있는 연구 현장으로 마리엔탈이라는 작은 도시를 소개했다. 다른 한편 바우어 같은 지식인 출신 정치인은 사회과학자들에게 정치적 이유로 연구 결론을 보류하거나 윤색하라고 강요하는 일이 결코 없었다. 정치와 학문의 이런 결합은 그 뒤 좀처럼 다시 보기 어려웠다.

사회문화적 미시 환경

앞에서 말한 대로 《실업자 도시 마리엔탈》이 처음 출간된 때 표지에 저자 이름이 실리지 않았다. 이유는 단순했다. 이 책은 1933년 봄에 라이프치히에 자리한 히르첼^{Hirzel} 출판사에서 나왔는데, 겨우 몇 주 전에 독일에서 히틀러가 권력을 잡았다. 출판사는 유대인 같은 이름 때문에 정치적으로 곤란한 일이 생기는 사태를 피하려 표지에 저자 이름을 넣지 말자고 저자들에게 요청했고, 모두 동의했다. 어쩌면 정치적으로 문제가 생길 만한 문장도 몇 군데 삭제한지도 모르겠다.[14] 그렇지만 《실업자 도시 마리엔탈》에 놀라울 정도로 정치적 해석이 없는 이유는 이 연구가 포함된 시리즈의 성격 때문일 수 있다. 《심리학 연구^{Psychologische Monographien}》를 편집한 카를 뷜러는 엄격한 학문적 언어를 주창했는데, 일찍이 라차르스펠트는 뷜러 부부에게 제출한 첫 초고가 정치적 어조 때문에 거절당한 때 이런 교훈을 배워야 했다.

---

14 전쟁 때 출판사 건물이 파괴돼 보관하던 문서가 사라졌다. 따라서 이 이야기는 각각 다른 자리에서 저자들이 회고한 내용을 따른다.

샤를로테 뷜러Charlotte Bühler는 내가 프롤레타리아 청년에 관해 쓴 절에서 드러나는 어조에 끈질기게 반대했다. 실제로 나는 동정심으로 가득한 채 부르주아 사회의 착취를 이야기했는데, 권고로 점철된 이 절의 문체는 초고의 나머지 부분하고 무척 달랐다. 이런 사실을 부정할 도리가 없어서 결국 다시 썼다. 주장하는 내용은 전혀 지우지 않았지만, 어조 전체가 비판적이기보다는 기술적이고 자연주의적으로 바뀌었다. 이 일이 그 뒤 내 글쓰기에 영향을 미친 점, 또한 훗날 찰스 라이트 밀스C. Wright Mills가 주도해서 벌어진 사회학의 구실을 둘러싼 논쟁에 기여한 요소라는 사실은 의심의 여지가 없다.[15]

라차르스펠트와 동료들이 새로운 정치적 환경에 적응한 방식은 그래도 다른 이들이 보인 모습하고는 매우 달랐다. 《실업자 도시 마리엔탈》을 쓴 저자들은 보상받을 기회를 포기한 반면, 기회주의자들은 나치에 빌붙었다. '유대인 탐지견jew-sniffer'에게 쉽게 발각될 법한 성을 가진 이들 중 몇몇은 새로운 통치자들 아래에서 학자 경력을 계속 이어가려 갖은 애를 썼다. 이를테면 테오도어 비젠그룬트Theodor Wiesengrund는 나중에 미국에 가고 나서야 테오도어 아도르노Theodor W. Adorno로 이름을 바꿨는데, 나치 음악가를 찬양하는 글을 발표하기도 하고 괴벨스가 새로 설립한 제국저술원Reichsschrifttumskammer에 가입 신청도 했다.[16]

야호다와 라차르스펠트, 차이젤은 처음 펴내는 주요 출판물에서 이름을 빼버림으로써 엄밀히 말하자면 직업적 측면에서 많은 희생을 했지만, 이런 포기는 빈에서 경험한 사회적이고 정치적인 교류에 부합하는 행동이었다.[17]

세 사람 모두, 그리고 다른 대다수 공동 연구자들도 꽤 안정된 상층 중간 계급 유대인 가정 출신이었다. 다들 자기가 유대인이라는 사실을 부정하지는 않았지만, 홀로코스트 이전에는 유대인이라는 자기인식이 별로 크지 않았다. 각자의 집안이 유대교 의식에 관심이 없었고, 다수인 기독교 사회에 동화됐다. 독일에 사는 동시대인들하고 아주 다르게, 빈에 사는 이 '비유대적 유대인들'[18]은 생애 초기에 진지한 종교적 국면에 맞닥트리지 않았다. 에리히 프롬이나 발터 베냐민 등 많은 이들이 비슷했다. 빈에 사는 중간 계급 유대인들은 종교적으로 보면 대부분 불가지론자였고, 세기 전환기 무렵 자유주의로 기울다가 나

15 Paul F. Lazarsfeld, "An Episode in the History of Social Research: A Memoir[1968]", *The Varied Sociology of Paul F. Lazarsfeld*, Patricia L. Kendall(col. and ed.), New York: Columbia University Press, 1982, p. 24.

16 Rolf Wiggershaus, *Die Frankfurter Schule: Geschichte, theoretische Entwicklung*, politische Bedeutung, Munich: Hanser, 1986, p. 180, 199.

17 대부분의 서평에서 야호다와 차이젤을 주요 공저자로 언급한 반면, 초기의 몇몇 인용에서는 마리 야호다-라차르스펠트를 그때는 남편이던 파울 라차르스펠트하고 떼어놓고는 언급되지 않은 파울의 이름을 추가해서 둘이 아니라 셋이 한 공동 연구('Jahoda, Lazarsfeld, and Zeisel 1933')로 만든 일은 아이러니하지 않을 수 없다. 라차르스펠트가 출간 목록을 늘리기보다는 연구소 홍보가 더 중요하다고 생각해서 일라이어스 스미스(Elias Smith)라는 가명으로 논문을 출간하는 식으로 사심 없는 '공산주의자'의 구실을 한 사실을 보여주는 추가 증거도 찾을 수 있다(Paul F. Lazarsfeld, "Memoir," p. 45).

18 Isaac Deutscher, *The Non-Jewish Jew and Other Essays*, Tamara Deutscher(ed.), London: Oxford University Press, 1968.

중에 사회민주당으로 돌아섰다. 파울 라차르스펠트는 1901년에 태어났는데, 아버지 로베르트는 변호사로 일하고, 어머니 조피는 살롱을 이끌었다. 그곳에서 주요한 좌파 지식인들이 정기적으로 만났다. 그중 한 명이 어린 파울의 멘토이자 파울 어머니의 연인이 됐다. 오스트리아 사회민주당을 창건한 프리드리히 아들러Friedrich Adler의 아들인 빅토르 아들러Victor Adler였다. 프리드리히 아들러는 정규 교육을 받은 물리학자였지만, 취리히 연방 공과대에서 제안한 자리를 포기하고 대신 알베르트 아인슈타인을 추천했다.[19] 1차 대전 중에는 반전 봉기의 신호탄이 된 합스부르크 제국 총리 암살 사건 덕분에 유명해졌다. 이어 벌어진 재판과 재판에서 선보인 유창한 변론을 계기로 젊은 층 전체가 정치적으로 각성해서 노동 운동에 뛰어들었다. 파울 라차르스펠트는 법원 앞에서 열린 시위에 참여해서 연행됐다. 1918년에 공화국이 선포된 뒤 라차르스펠트는 수학과 물리학, 사회과학 공부를 시작하고 정치적 경력도 쌓았다. 노동 운동 관련 신문에 글을 발표하고, 토론 모임에 참여하고, 정치성을 띤 카바레에서 공연하고, 이른바 여름 공동체summer colony를 조직해 그곳에서 마리 야호다를 만났다. 커플이 된 두 사람은 1926년에 결혼했다. 그렇지만 둘의 관계는 결국 1934년에 이혼으로 끝났다.

마리 야호다는 라차르스펠트보다 여섯 살 연하였다. 라차르스펠트의 영향을 받아 야호다는 빈 대학교에서 심리학을 공부하기 시작했고, 1905년에 태어난 한스 차이젤은 아버지처럼 변호사가 되려고 법과대학에 다녔다. 차이젤은 경제학도 공부했고, 사회민주당 일간지 《노동자신문Arbeiter Zeitung》에서 무급 스포츠 담당 기자로 일했다.

그 무렵 빈은 심리학이 발전하는 중심지였다. 지그문트 프로이트의 지배적인 정신분석학파 말고도 경쟁자인 심층심리학자 알프레드 아들러가 사회 개혁, 부모 교육, 교육 상담 등에 자기 능력을 활용하려 노력했다. 두 심층심리학 진영 모두 대학에 근거지가 없었다. 프로이트는 평생 명예 교수일 뿐이었다. 여전히 철학과의 일부이던 빈 대학교 심리학과는 카를 뷜러가 학과장이었는데, 1924년에 함께 빈에 온 부인 샤를로테는 여성으로는 셋째로 이 대학의 개인 강사Privatdozent로 임용됐다. 빈 시가 지원한 재정과 록펠러 재단이 제공한 기금 덕분에 뷜러 부부는 폭넓은 심리학 강의와 연구 프로그램을 시작했다. 라차르스펠트의 어머니는 알프레드 아들러의 열성 팬이었고, 라차르스펠트와 친구들은 아들러 학파가 하는 활동에 참여하다가 뷜러 부부의 연구소에 들어갔다. 라차르스펠트는 그곳에서 통계 전문가로 경력을 시작했다. 대학에서 정규직을 얻지는 못했지만, 록펠러 기금으로 급여를 받았다.

라차르스펠트는 연구소에서 일하는 모든 이들을 위해 통계 계산을 해주는 일 말고도 별도의 사회심리학 분과를 만들려 노

---

19 Philipp Frank, *Einstein, His Life and Times*, New York: Alfred A. Knopf, 1947, p. 19.

력했다. 마침내 1931년에 카를 뷜러의 지원을 받아 경제심리학연구센터Wirtschaftspsychologische Forschungsstelle를 설립했다. 이 소규모 단체는 빈의 경기순환연구소Institut für Konjunkturforschung를 본보기로 삼아 만들어졌다. 경기순환연구소는 처음에 루드비히 미제스와 프리드리히 하이에크가 공동으로 지휘했는데, 나중에 오스카르 모르겐슈테른이 소장을 맡았다. 두 연구소 모두 공식적으로는 빈 대학교 외부에 위치했고, 성원들은 개인 강사 자격으로 대학 세계에 연결됐다. 이 임시 지위 소지자는 '강의할 권리'는 있었지만 대학에서 정규 유급 직책을 맡지는 못했다. 녹일 특유의 개인 강사 제도는 교수 지망자가 거치는 임시직 구실을 했다. 중유럽에서 교수가 되려는 사람은 박사 학위를 딴 뒤에도 논문을 한 편 제출하고, 특별위원회에서 치르는 시험을 통과한 뒤, 교수 자리가 날 때까지 기다려야 했다. 자리는 적은데 지망자는 지나치게 많아 정체가 심한 탓에 대기 기간이 길어져서 부유층만이 버틸 수 있었다. 뷜러 부부는 라차르스펠트가 교수에 임용될 수 있게 애를 썼지만, 학계에 반유대주의 분위기가 고조된 탓에 실패로 돌아갔다. 라차르스펠트는 이런 실망스러운 상황을 보상이라도 받듯 1933~1934학년도에 록펠러 재단 연구원으로 임용됐다.

경제심리학연구센터가 생기고 라차르스펠트가 뉴욕으로 떠나는 사이의 짧은 시간 동안 아직 한창 젊은 나이의 이 사회심리학자 그룹은 연구 계약을 따내고, 소규모 연구를 수행하고, 방법론적 실험을 감행하는 데 커다란 생산성을 발휘했다. 연구센터는 주로 훗날 시장 조사라고 불리는 연구에 관심을 기울였다. 빈뿐만 아니라 취리히, 베를린 등 중유럽 여러 도시를 대상으로 차, 커피, 스타킹, 구두, 맥주, 우유 등에 관련된 소비 습관을 조사했다. 조사 연구는 보통 조사원rechercheure, 곧 데이터 수집 담당자를 채용해서 수행했는데, 조사 작성표 한 장당 1실링을 지급했다. 몇 차례 시행착오를 거친 끝에 데이터 수집 지침이 어느 정도 통일됐다. 사회인구학적 변수를 시작으로 조사자는 조사하는 제품에 관련된 이전의 여러 경험에 관심을 돌려야 했고, 계속해서 가장 최근의 구매, 구매를 계획한 기간, 구매 의도의 발생, 의도 형성과 구매 행위 사이의 시간, 그리고 마지막으로 해당 상품에 관한 기대 등이 이어졌다.

이런 조사 중에서 보고서가 작성된 사례는 극소수에 불과했고, 대부분은 특정한 의뢰인만 볼 수 있게 몇 쪽으로 요약됐다. 라차르스펠트가 미국으로 떠난 뒤 이제 마리 야호다가 지휘하게 된 연구센터는 '판매 지표Sales Barometer'라는 제목을 단 계간지를 만들 계획을 세웠지만, 정치적 상황 때문에 실행되지 않았다. 남아 있는 수고手稿들을 보면, 이 시장 조사자들이 여전히 오스트로마르크스주의의 노선을 따라 사고하고 있었다는 사실을 알 수 있다. 카를 카우츠키와 블라디미르 일리치 울리야노프, 일명 레닌의 조잡한 교조주의를 배제하는 한편, 에른스트 마흐Ernst Mach의 과학철학 주사액과 빈의 논리실증주의 학파에 속한 마흐 추종자들에게서 받아들인 확고한 경험주의 주사액을 주입한 특이한 마르크스주의였다. 오로지 이런 지적 환경에서만 비누 판매나 커피 구매를 연구하는 게 가능했다. 호기심 많은 연구자들은 새로운 사회심리학적 통찰을 확보했으며, 사회 계급이 광고 해석과 브랜드 선택에서 어떤 구실을 수행하는지에 관해 그 시기에 완성된 새로운 교훈으로 기업 고객들을 만족시켰다.

오스트리아 하층 계급 여자들은 가사 노동을 덜어주는 어떤 시도에도 극도로 적대적이다. 마을회관에서 공동으로 조리하는 데 반대하고, 집에서 빨래하는 정도만 비용이 드는데도 세탁물을 맡기려 하지 않으며, 노동 절감 기구를 좋아하지 않는다. 이 모든 태도는 자기가 하는 일이 줄어들면 남편과 가족에게 자기가 덜 중요해질까 봐 두려워하기 때문이다.[20]

'프롤레타리아 소비자'는 특별한 때에만 향수를 사용한 반면 부유층은 항상 향수를 썼다. 따라서 광고도 그런 현실에 맞게 각기 다른 사회 계층에 말을 걸어야 한다.

한참 뒤에 오만한 태도로 대중문화를 거부한 학생 운동 대표자들과 비판이론가들은 라차르스펠트가 대기업과 시장 조사자, 광고 산업에 고개를 숙였다고 비판했다. 그렇지만 전란에서 살아남은 문서들을 읽어보면 전혀 다른 결론에 다다르게 된다. 이 사회민주당 계열 사회심리학자들은 아직 구매력이 무시할 만한 수준이던 시기에 노동 계급이 시장 사회에 통합되는 흐름을 간파했다. 보통 사람들을 진지하게 다루는 일이야말로 빈의 사회민주당원들이 실천한 노력에서 핵심이었고, 이런 노력을 일반 소비자들에게 확대하는 시도는 대중과 대중의 악덕에 관한 식자층의 추론보다 한결 더 평등주의적인 시각이었다.[21]

연구센터와 여기서 수행한 시장 조사 이야기를 통해 다른 사실도 드러난다. 사회과학에서 미시적 접근법과 거시적 접근법을 조화시킬 수 있는 가능성이다. 마르크스주의를 교조적이지 않은 방식으로 독해한 결과, 라차르스펠트를 중심으로 모인 그룹은 거시사회학적 참조 틀을 손에 넣었고, 카를 뷜러와 샤를로테 뷜러 부부가 가르친 순수 학문적인 심리학은 어린이의 학습, 언어, 인지, 정신 발달에 관한 가르침을 통해 의사 결정 과정을 분석하는 도구를 제공했다. 숨겨진 일화와 역설적 메시지를 좋아하는 라차르스펠트는 언젠가 이런 식으로 말했다. 자기가 빈에서 수행한 시장 조사를 통해 '사회주의자의 투표와 비누 구매가 방법론적으로 동등한 행위'라는 사실이 밝혀졌다고.[22] 두 사례

20 Paul F. Lazarsfeld, "Appendix D. Social Prejudice in Buying Habits," undated English written manuscript in Paul F. Lazarsfeld's microfilmed files from his study, reel 1, AGSÖ Graz. Also in Lazarsfeld Papers, Columbia University's Butler Library, box 34, folder 5.

21 로널드 풀러턴은 라차르스펠트가 빈에서 한 시장 조사 활동에 관해 짧지만 통찰력 있는 논문을 두 편 발표했다. Ronald A. Fullerton, "Tea and the Viennese: A Pioneering Episode in the Analysis of Consumer Behavior", *Advances in Consumer Research* 21, 1994, pp. 418~421과 "An Historic Analysis of Advertising's Role in Consumer Decision Making: Paul F. Lazarsfeld's European Research", *Advances in Consumer Research* 26, 1999, pp. 498~503.

모두 선택이 행위의 핵심이다.

이런 아이디어들이 처음으로 정식화된 미시적 환경은 정치적 상황 때문에 파괴됐고, 연구센터 성원들은 정치 탄압의 희생양이 돼 가까스로 몸을 피했다. 록펠러 재단 연구원 임기가 끝난 뒤 오스트리아의 본거지로 돌아오라고 재촉을 받은 라차르스펠트는 두 번째 임기를 시작해 미국 체류를 연장할 수 있었다. 연구원 임기가 최종 만료된 뒤 거주지는 바뀌지 않은 채 다만 '저명한 이방인에서 환영받지 못하는 외국인'으로 신분이 바뀌었다.[23] 얼마 동안 애를 쓴 끝에 미국에 발판을 마련했다. 처음에는 뉴저지 주에서 주변적인 연구 프로젝트의 책임자로 일하다가 그 무렵 유명하던 '프린스턴 라디오 연구프로젝트Princeton Radio Research Project'의 연구 책임자가 됐고, 결국 컬럼비아 대학교에서 교수 경력을 시작했다.[24]

라차르스펠트의 전 부인 마리 야호다는 연구센터 책임자를 맡았지만, 1934년 노동 운동이 일으킨 봉기가 패배하고 오스트리아의 권위주의 정권이 사회민주당 조직을 전면 금지한 뒤에는 다시 정치로 깊숙이 뛰어들었다. 야호다는 연구센터를 지하 활동을 위한 가짜 주소로 활용하다가 투옥돼 기소됐고, 마침내 불법 정치 활동 혐의로 유죄 판결을 받았다. 반년 넘는 시간을 감옥에서 보낸 뒤 시민권을 포기하고 오스트리아를 떠난다는 조건 아래 풀려났다. 1937년 여름에 벌어진 일이다. 반년 뒤 나치가 권력을 잡으면서 오스트리아는 독일 제국의 일부가 됐다. 야호다가 전해 여름에 오스트리아를 떠나지 않았으면 십중팔구 나치 강제 수용소로 이송됐을 테고, 유대인인 만큼 살아남지 못했다. 한스 차이젤을 비롯한 다른 이들은 합병 뒤 오스트리아를 탈출했고, 연구센터 성원 중에서 홀로코스트 희생자가 된 이는 아무도 없었다. 야호다는 처음으로 몸을 피한 영국에 그대로 정착해서 2차 대전이 끝날 때까지 산 반면, 차이젤은 전쟁이 터지기 전에 미국으로 이주했다. 처음에는 맨해튼에 있는 시장 조사 회사를 전전하다가 1953년에 시카고 대학교에 들어가 법학과 사회학 교수가 됐다. 1945년에는 야호다도 뉴욕으로 옮겨와서 10년간 그곳에 살다가 다시 영국으로 돌아갔다.

이 책과 어느 연구 프로그램이 맞이한 운명

정치 상황을 생각하면 놀라운 일인데, 《실업자 도시 마리엔탈》은 발간되자마자 뜨거운 환영을 받았다. 주요 학술지들이 그다지 유명하지 않은 연구 집단이 내놓은 결과물을 다룬 서평을 앞다퉈 실었다. 다양한 학문 분과에서 펴내는 여러 학술지에 각

---

22 Paul F. Lazarsfeld, "Memoir," p. 19; Paul F. Lazarsfeld, "Development of a Test for Class-Consciousness", *Continuities in the Language of Social Research*, Paul F. Lazarsfeld, Ann K. Pasanella and Morris Rosenberg(eds.), New York: Free Press, 1972, pp. 41~43을 보라.

23 Paul F. Lazarsfeld, "Memoir," p. 39.

24 "History of Communication Research."

기 다른 언어로 서평이 등장했다. 독일, 오스트리아, 이탈리아, 네덜란드, 벨기에, 영국, 미국에서 서평이 수십 편 발표됐다. 독일에서 내는 공식 학술지 《국가노동회보Reichsarbeitsblatt》도 짧지만 우호적인 서평을 게재했다. 독일의 저명한 사회학자 레오폴트 폰 비제Leopold von Wiese는 자기가 펴내는 《쾰른계간사회학Kölner Vierteljahreshefte für Soziologie》에서 세 쪽에 걸쳐 이 연구를 다뤘다.[25] 이런 서평들의 거의 절반이 표지에 저자 이름이 없다는 사실을 그대로 받아들였지만, 나머지 절반은 저자 이름을 찾느라 본문을 뒤적였다. 《실업자 도시 마리엔탈》은 학계와 정계에서 상당히 열렬하게 환영을 받았다. 그렇지만 오스트리아의 정치 상황 때문에 저자들은 자기가 거둔 성과를 온전히 활용해 새롭게 얻은 평판을 바탕으로 직업적 성공을 거둘 수는 없었다.

《실업자 도시 마리엔탈》 서론에 이름을 남긴 파울 라차르스펠트만 오스트리아를 떠나 미국으로 가기 전에 혜택을 누렸다. 라차르스펠트는 몇 차례 기회가 있을 때 자기가 중추적 인물이 분명한 협동 연구의 결과를 소개했다.[26] 1932년 국제심리학대회에서 마리엔탈 사례를 발표했고, 여러 학술지에 기고했다.[27] 게다가 빈을 찾은 어느 미국인이 《네이션Nation》에 〈사람이 개를 먹을 때When Men Eat Dogs〉라는 인상적인 제목을 달아 이 연구에 관한 기사를 썼다.[28] 라차르스펠트가 뉴욕에서 연구원으로 일할 때 멘토 노릇을 한 로버트 린드Robert S. Lynd는 이 오스트리아 젊은이를 다그쳤다. 린드가 쓴 《변화하는 미들타운Middletown in Transition》

은《실업자 도시 마리엔탈》로 정리한 연구 결과를 폭넓게 활용했고, 그 결과 라차르스펠트는《실업자 도시 마리엔탈》을 영어로 번역하기 시작하고 마리엔탈에서 활용한 방법론을 다룬 논문을 미국에 온 뒤로 처음 썼다. 그렇지만 이 논문 〈사회지학의 원리Principles of Sociography〉는 발표되지 않았다. 미국 학술지들이나 망명 대학University in Exile[29]이 새로 창간한《사회 조사Social Research》가 논문을 출간하는 데 관심이 없었거나 아직 번역서가 나오지 않은 때문이었다. 알음알음으로 복사본 형태로 돌려 봤다. 그렇다고 하더라도 이 방법론적 고찰은 개인적 가치가 분명히 있었다. 라차르스펠트는 이 오래된 논문을 〈미국판 서문, 40년 뒤〉에 활용했다(이 내용에 해당하는 인용은 이 책 22쪽에 있다.)[30]

25 서평이 실린 학술지는 *Arbeit und Wirtschaft*(오스트리아), *Zeitschrift für Sozialforschung*(독일), *Kölner Vierteljahreshefte für Soziologie*(독일), *Archiv für die gesamte Psychologie*(독일), *Jahrbücher für Nationalökonomie und Statistik*(독일), *Reichsarbeitsblatt*(독일), *Mensch en Maatschappij*(네덜란드), *Sociology and Social Research*(미국), *Archivio italiano di psicologia*(이탈리아), *Revue del l'institut de Sociologie*(프랑스), *Freie Wohlfahrtspflege*(독일), *Literarisches Centralblatt für Deutschland*(독일) 등이다.
26 《실업자 도시 마리엔탈》을 쓴 사람이 누구인지는 여전히 논란이 된다. 야호다가 본문을 썼다고 하더라도, 이 책은 분명 공동 연구의 산물이다.
27 Philip Eisenberg and Paul F. Lazarsfeld, "The Psychological Effects of Unemployment", *Psychological Bulletin* 35, 1938, pp. 358~390; Boris Zawadski and Paul F. Lazarsfeld, "The Psychological Consequences of Unemployment", *Journal of Social Psychology* 6, 1935, pp. 224~251.
28 Robert N. McMurry, "When Men Eat Dogs", *Nation*, vol. CXXXVI, no. 3533, January 4, 1933, pp. 15~18.
29 뉴욕 뉴스쿨에서 1933년 나치 독일을 피해 온 연구자들을 위해 세운 기관. 1934년 뉴욕 주의 인가를 받아 정치사회대학원으로 이름을 바꿨다 ― 옮긴이.
30 폭넓은 해석으로는 다음을 보라. Christian Fleck, "The choice between market research and sociography, or: What happened to Lazarsfeld in the United States?" Jacques Lautman and Bernard-Pierre Lécuyer(eds.), *Paul Lazarsfeld(1901-1976). La sociologie de Vienne à New York*, Paris: Editions L'Harmattan, 1998, pp. 83~119.

마리 야호다 또한《실업자 도시 마리엔탈》덕분에 인정을 받았지만, 1937년에 쫓겨나듯 빈을 떠난 뒤 그런 평판을 직업적 보상으로 돌려받는 데 어려움을 겪었다. 영국 사회학자들, 특히 런던 사회학연구소Institute of Sociology의 알렉산더 파커슨Alexander Farquharson이 도와줘서 연구를 계속할 수는 있었다. 어느 선량한 중간 계급 퀘이커교도 그룹이 조직한 실직 광부 자립 프로젝트를 연구하는 일을 맡았다. 야호다는 웨일스 광부 지역 사회에서 몇 달을 보내고 책 한 권 정도 되는 초고로 연구 결과를 보고했다. 조고는 퀘이커 지도자 짐 포레스터Jim Forrester(나중에 포레스터 경이 됨)에게 전달했다. 그런데 실제 노동과 대용 노동의 차이에 관한 약간 마르크스주의적인 해석을 읽은 포레스터는 이런 해석이 자기가 한 필생의 사업을 망쳐놓았다고 불만을 토로했다. 야호다는 나치가 지배하는 빈에서 가족을 데려오는 일을 도와준 포레스터에게 큰 신세를 진 만큼 이 초고를 출간하지 않았다. 이 원고는 50년이 지나서야 빛을 봤다.[31]《실업자 도시 마리엔탈》은 탄탄하고 훌륭한 연구라고 인정받은 뒤에도 30년이 넘도록 학계에서 사실상 종적을 감췄다. 1930년대 내내 세계 정치 때문에 다른 주제들이 시급한 과제로 규정됐고, 2차 대전 뒤에는 최소한 20년이 넘도록 실업이 시야에서 사라졌다. 중유럽이나 미국에서는 실업이 미치는 사회심리적 영향을 검토하는 연구에 아무도 관심을 기울이지 않았다. 이런 사회 문제는 순전히 역사적 주제로 여겨졌다.

《실업자 도시 마리엔탈》은 1960년에 독일의 여론 조사 전문 가로 손꼽히는 엘리자베트 노엘레-노이만Elisabeth Noelle-Neumann 이 엮은 '조사 연구 고전Klassiker der Umfrageforschung' 시리즈를 통해 다시 모습을 드러냈다. 그리고 1971년과 1972년에 미국판과 영 국판이 각각 출간된 뒤, 독일의 손꼽히는 출판사 주어캄프에서 1960년 독일어판을 재출간해서 《실업자 도시 마리엔탈》의 명성 위에 오늘날까지 널리 읽히는 판매고를 더했다.[32]

고도로 발전한 나라들에서 실업이 다시 중심 무대를 차지할 때, 원형을 추구하는 사회과학자들이 《실업자 도시 마리엔탈》 과 생존한 두 저자 야호다와 차이젤을 재발견했다.[33] 차이젤은 '붉은 빈Red Vienna' 시절과 사회주의를 향한 신념을 회고하는 데

31 Marie Jahoda, "Unemployed Men at Work", *Unemployed People: Social and Psychological Perspectives*, David Fryer and Philip Ullah(ed.), Milton Keynes: Open University Press, 1987, pp. 1~73과 Marie Jahoda, *Arbeitslose bei der Arbeit. Die Nachfolgestudie zu 'Marienthal' aus dem Jahr 1938*, Christian Fleck(ed.), Frankfurt: Campus, 1989. 야호다의 경험에 관한 보완적 해석으로는 David Fryer, "Monmouthshire and Marienthal: Sociographies of two Unemployed Communities", *Unemployed People*, pp. 74~93과 Christian Fleck, "Einleitung," Marie Jahoda, *Arbeitslose bei der Arbeit*, pp. vii-lxxii를 보라.
32 《실업자 도시 마리엔탈》은 그동안 프랑스어, 이탈리아어, 에스파냐어, 노르웨이어, 한국어, 헝가리어로 번역됐다(예전에 나온 한국어 번역본의 서지 사항은 다음 같다. 마리 자호다, 폴 F. 라자스펠트, 한스 짜이젤, 李興卓 옮김, 《社會學 調査方法論의 歷史 및 事例硏究 — 마리엔탈의 失業者들》, 탐구당, 1983 — 옮긴이).
33 Hans Zeisel, "The Austromarxists: Reflections and Recollections", *The Austrian Socialist Experiment: Social Democracy and Austromarxism, 1918-1934*, Anson Rabinbach(ed.), Eagle Point: Westview Press, 1985; Hans Zeisel, "Zeitzeuge", Friedrich Stadler(ed.), *Vertriebene Vernunft* II. *Emigration und Exil österreichischer Wissenschaft*, Vienna: Jugend & Volk, 1988, pp. 328~331; Hans Zeisel, "Die Hälfte des Gespräches, das ich gerne heute mit Paul Lazarsfeld über Sozialismus geführt hätte", *Paul F. Lazarsfeld. Die Wiener Tradition der empirischen Sozial- und Kommunikationsforschung*, Wolfgang R. Langenbucher(ed.), Munich: Ölschläger, 1990, pp. 31~37.

에만 기여한 반면, 야호다는 서식스 대학교에서 심리학 교수로 은퇴한 뒤 업무 집중도와 실업에 관한 연구를 재개했다. 그 뒤 30년 동안 《실업자 도시 마리엔탈》은 후속 연구자들이 연구를 하기 위한 청사진 구실을 했다. 유급 노동의 잠재적 기능에 관해 야호다가 한 기여는 다양한 나라에서 여러 학문 분과의 노동 연구자나 실업 연구자에게 지속적으로 영향을 미쳤다.

《실업자 도시 마리엔탈》 자체를 하나의 사례 연구로 보면, 오랫동안 영향을 미치는 데 여러 각기 다른 요인이 기여했다고 주상할 수 있다. 첫째, 경험적 조사 보고서로서 이 책은 일반인과 연구자가 동시에 조사 연구의 주제인 실업 문제를 걱정할 때에만 관심을 끌었다. 둘째, 본보기적인 텍스트로서 이 책은 조언을 구하고 싶어하는 초심자와 연구자들에게 매력적으로 다가갔다. 셋째, 《실업자 도시 마리엔탈》의 기원이 된 다면적인 고난의 상황을 보면, 모름지기 사회과학에서 탁월한 연구는 학문 세계의 가장자리에서 생존할 수 있다는 사실이 생생하게 드러난다.

크리스티안 플레크Christian Fleck, 2002년

이 책의 밑바탕이 된 연구는 1930년 오스트리아에서 진행됐다. 미국이 겪은 어떤 사례보다도 훨씬 심각한 불황이 닥친 때였다. 처음에는 따라서 연구 결과가 유효 기간이 지났으며 미국하고는 관련도 없다는 생각이 떠올랐다. 지금 우리는 콕 집어 실업을 이야기하기보다는 좀더 일반적으로 가난에 관해 이야기하지만, 물론 우리에게는 중요한 문제가 여전히 많이 남아 있다. 그렇지만 40년에 걸친 연구로 실업이 미치는 효과에 관한 우리의 생각이 바뀌어버린지도 모른다. 그런데 잠깐만 문헌을 살펴봐도 그렇지 않다는 사실이 드러난다.

마리엔탈 연구의 주요 명제 중 하나는 장기 실업이 무관심 상태로 이어져서 피해자들은 그나마 남아 있는 몇 안 되는 기회조차 활용하려 하지 않는다는 주장이다. 기회 감소와 열망 수준의 저하라는 악순환은 뒤이은 모든 논의에서도 여전히 초점이 되고 있다. 사실 이런 통찰은 동시에 일어난 발견이었다.

1933년 이 나라에 온 나는 실업을 다룬 간행물을 닥치는 대로 수집하기 시작했다.[1] 미국인인 에드워드 배키E. W. Bakke는 예일 대학교에서 영국으로 가서 '실업자'를 연구했는데, 유럽에서는 실업 현상을 좀더 분명하게 관찰할 수 있다는 사실을 확실히 알고 있었다. 배키 또한 실업이 인성에 미치는 효과를 강조했다.

> 통제감 상실은 중요한 결과를 낳는다. 통제감을 잃은 노동자는
> 자기 운명에 최소한의 책임만을 느낀다. 책임은 통제하고 함께 가
> 기 때문이다.[2]

마리 야호다는 실업자 자녀들에 관한 국제적 문헌을 검토했
고, 나는 폴란드 동료하고 함께 포즈난에 있는 폴란드연구소
Polish Research Institute에서 수집한 실업자들이 쓴 일기를 검토했다.
결과는 모두 대동소이했다.[3]

경제가 회복되면서 이런 연구들은 추진력이 약해졌고, 2차
대전은 사실상 이 흐름에 종지부를 찍었다. 1950년대가 돼서야
새롭게 관심이 나타났고, 특히 미국 바깥의 연구 현장에서 다시
관심이 등장했다. 오스카 루이스Oscar Lewis는 멕시코의 빈곤을 기
술하면서 그 뒤로 줄곧 중심을 차지하는 '빈곤의 문화'라는 용어
를 만들어냈다.[4] 1960년대에는 마이클 해링턴Michael Harrington이 쓴
《또 다른 미국The Other America》 덕분에 이 개념에 관한 인식이 널리
퍼졌다. 해링턴이 쓴 책에서 인용한 다음 문구는 마치 《실업자
도시 마리엔탈》을 요약한 듯하다. 내가 아는 한 당대 미국의 저
자 중에서 우리가 한 연구를 아는 사람은 없었지만 말이다.

> 심리적 박탈감은 빈곤의 주요한 구성 요소의 하나다. …… 그리고

이 사람들한테는 끔찍한 일이 벌어지는데, 자기 자신을 불량품이나 낙오자로 느끼게 된다. …… 가난한 이들은 무기력하고 수동적이기 쉬우면서도 갑자기 폭력을 휘두르는 경향이 있다. 외롭고 고립돼 있으며, 대개 완고하고 적대적이다. 가난은 단순히 이 세상에 있는 물질들을 가지지 못한다는 말이 아니다. 영혼이 뒤틀린 채 치명적이고 쓸데없는 세계, 미국 안의 미국으로 들어간다는 뜻이다.[5]

1960년 무렵에 이르러 미국은 실업과 빈곤 문제가 흑인 문제

1 나중에 한 동료의 도움을 받아 참고 문헌 112개가 포함된 요약을 발표했다. P. Eisenberg and P. F. Lazarsfeld, "The Psychological Effects of Unemployment", *Psychological Bulletin* 35(6), June, 1938.

2 Edward W. Bakke, *The Unemployed Man*, London: Nisbet, 1933, p. 10. 이 연구는 예일인간관계연구소(Yale Institute of Human Relations)에서 진행한 프로그램의 하나다. 또 다른 부분은 John Dollard, *Caste and Class in a Southern Town*, New Haven: Yale Univ. Press, 1937로 출간됐다.

3 Save the Children International Union, Children, *Young People, and Unemployment*. Geneva: Save the Children International Union, 1933, p. 332; Bohan Zawadzki and Paul F. Lazarsfeld, "The Psychological Consequences of Unemployment", The Journal of Social Psychology 6, 1935, pp. 224~251.

4 Oscar Lewis, *The Children Of Sanchez*, New York, Random House, 1961(박현수 옮김, 《산체스네 아이들 — 빈곤의 문화와 어느 멕시코 가족에 관한 인류학적 르포르타주》, 이매진, 2013)이 대표작이다 — 옮긴이.

5 Michael Harrington, *The Other America: Poverty in the United States*, New York: Macmillan, 1962. 이어진 연구에서 윌리엄 쿼리(William T. Query)는 질병과 빈곤을 이야기한다(William T. Query, *Illness, Work, and Poverty*, San Francisco: Jossey-Bass, 1968, p. 6).

우리가 이야기하는 가난은 물질적 빈곤과 경제의 고갈을 넘어서는 무엇이다. 우리가 염두에 두는 빈곤은 경제하고 마찬가지로 문명에도 해를 끼친다. …… 빈곤은 (가난한 사람들 사이에서) 자신감의 빈곤이며, 자기 능력에 미치지 못하는 일을 하거나 아예 일을 하지 못하면서 서서히 생겨나는 자아상이다.

이 주제에 관련해서 미국 저자들은 해외 문헌을 심하게 무시한다. 쿼리는 자와드스키의 논문을 통해 알게 된 마리엔탈 연구의 결과를 조금 언급한다. 번역을 거쳐 어느 이탈리아 저자가 우리하고 매우 비슷한 연구 결과에 도달한 사실을 알게 됐지만, 양쪽 모두 상대방의 연구에 관해 모르고 있었다(A. Gatti, "La Disoccupazione come Crisi Psicologia," *Arch. ital. di psicol.* 15, 1937, pp. 4~28).

에 밀접하게 연결되면서 열심히 해법을 탐구하고 있었다. 결국 정치가 개입하게 된 전개도 놀랄 일은 아니다. 허버트 갠스Herbert Gans는 '청년을 위한 동원Mobilization for Youth'을 둘러싸고 벌어진 소동을 성공적으로 분석한 적이 있다. 거기에서는 기본적인 사회학 지식이 진지하게 다뤄졌다. 오랫동안 박탈당한 사람들에게 기회를 열어주는 정도는 충분하지 않았다. 기회를 활용하는 법을 가르치는 일이 절대적으로 중요했다. 그리고 사회적 동기 부여 이론을 추구하는 과정에서 젊은이들이 이런 기회를 창출하는 데 직접 관여해야 한다는 사고가 등장했다.[6]

사회과학자들이 조사 결과를 확인하는 연구를 반복하지 않는다는 불만이 흔히 제기된다. 여기서 우리는 외부 사건들이 의도하지 않게 반복적 연구에 기여하는 상황에 맞닥뜨리고 있다. 이런 점이 오래전에 우리가 한 연구를 번역하는 작업을 정당화하는 근거의 하나다. 이런 정당화를 부연 설명하기 전에 우리가 낸 연구 논저가 지닌 흥미로운 맹점 하나를 독자에게 환기시켜야 한다. 지금 와서 보면 우리가 연구한 결과에 중요한 정치적 함의가 분명히 있었다. 그렇지만 출간된 텍스트에는 그런 함의가 두드러지지 않았고, 내 기억이 정확하다면, 우리는 실제로 그런 함의를 깨닫지 못했다.

이 연구를 수행한 오스트리아에서 대규모 실업을 극복하려는 제도적 대응은 실업 급여였다. 미국에서는 노동 구호, 곧 공공사업청Works Progress Administration·WPA이었다. 미국의 실직 노동자 또한 심각한 궁핍을 겪었지만, 그래도 할 일이 있었다. 실업 급여 시스템에서는 가난한데다가 게으르다. 실업에서 게으름이라는 구성 요소가 미치는 특정한 영향이 아마 우리 연구에서 가장 중요한 측면이고 추가로 언급할 만한 가치가 있을 만하다. 규모를 넓혀서 보면, 초기 히틀러가 벌인 운동이 거둔 성공의 일부는 많은 수의 실업자를 막사에 집어넣고 분주하게 준군사 훈련을 받게 한 덕분이라고 보는 편이 타당하다. 그리하여 이 실업자들의 사회적 인성 구조가 고스란히 유지됐다. 이런 경험이 개인적 위안이 됐는지, 아니면 민족적 각성이 됐는지는 별로 중요하지 않다. 1930년대 초 미국에서 실업자들에게 '허드렛일boondoggle'을 시킨 사례는 조만간 커다란 기념식이라도 치러야 마땅하다.[7]

'사회적 인성 구조의 붕괴'라는 용어는 《실업자 도시 마리엔탈》의 가장 중요한 연구 결과를 지칭하는 방법의 하나다. 독일어 원문에서 우리는 이따금 '심리적 생활 공간의 축소'라는 표현

---

6 Herbert Gans, "Urban Poverty and Social Planning", *The Uses of Sociology*, Paul F. Lazarsfeld et al.(eds.), New York: Basic Books, 1967. 이때쯤이면 이 모든 프로그램들에서 이론적 토대의 필요성이 자명해진 상태였다. 미국 상공회의소는 '빈곤 개념'에 관한 연구단을 구성했는데, 연구단은 1965년 보고서에서 이렇게 권고했다.

세월을 거치면서 간직된 빈곤의 이론과 개념을 종합적이고 역사적으로 분석하는 방식을 고려해야 한다. …… 이렇게 해서 만들어진 철학적 틀을 활용해 현재의 관념들을 비교하고, 더 나아가 평가할 수 있다.

7 1960년대에 행정 측면에서 퇴행이 나타난 탓에 이런 사례가 더욱 중요해진다. 사회 부조 프로그램은 구제 대상자들을 모욕하는 숱한 관행을 도입했다. Robert A. Levine, *The Poor Ye Need Not Have With You: Lessons from the War on Poverty*, Cambridge, Mass.: MIT Press, 1970을 보면 이런 사실이 특히 두드러진다.

을 사용했다. 미국에서 나는 '인간 유효 범위의 축소'라는 표현을 제안한 적이 있다.[8] 용어 사용을 간략히 소개하는 취지는 독자가 어떤 연구의 주요한 세부 내용을 체계화할 수 있게 돕는 데 있지만, 때로 이런 꼬리표 덕분에 근거가 되는 새로운 증거를 민감하게 인식하기도 한다. 나는 미국에 오자마자 뉴어크의 한 사회사업 기관이 실업자와 질병에 관해 다음같이 보고한 연구를 접했다.

대체로 질병 발생률은 실업 기간과 비례해 증가했다. 6세 미만 어린이의 경우에만 비례 관계가 역전된다. 부모가 실업자인 가정에서 어린이의 건강 상태가 오히려 더 좋다.

우리가 마리엔탈에서 관찰한 사실에 비교하지 않으면 이런 내용은 아마 아주 역설적으로 보일 수 있다. 마리엔탈의 실업자들은 자기 방에서는 거의 강박적으로 정리정돈을 하면서도 집 근처는 신경도 쓰지 않고 마을 전체와 사람들 관심사에는 사실상 전혀 아랑곳하지 않았다.

오랫동안 우리는 우리가 한 연구를 영어로 번역하는 데 동의하지 않았다. 우리가 활용한 접근법은 몇몇 부분이 무척 미숙했다. 우리는 표본 추출 방법을 분명하게 밝히지 않았고, 사실 그 방법이 아주 뛰어나지도 않았다. 우리가 정리한 유형 분류는 직관적으로 만들어낸 형태여서 논리적 일관성을 검토한 적이 없다. 또한 태도 척도^{attitude scale}[9]도 활용하지 않았다. 그런 개념이 있는지 알지도 못했다. 나와 동료들이 나중에 강의실에서 강조하게 되는 많은 기본적인 내용조차 그때는 소홀히 다뤘다. 다만 우리가 모험심이 가득한 개척 정신으로 똘똘 뭉쳐 있었다는 사실을 떠올려야만 이 모든 허술함이 용서가 되리라. 그렇지만 나는 불편한 마음을 떨치지 못해서 한동안 번역본 출간 제안을 거절했다. 그래도 우리에게는 아주 분명한 방법론 프로그램이 있었다. 독자 여러분이 이 책에서 발견하게 될 두 문단이 이 내용을 가장 잘 표현하는 부분일 텐데, 특별히 강조할 만하다. 초판 서론에서 나는 실업 통계뿐 아니라 신문이나 문학 작품에서 실업자들의 생활을 다루는 무신경한 묘사에 불만을 드러냈다. 그때 나는 이렇게 말했다.

우리는 수치 데이터를 현실 상황을 참여 관찰하는 몰입^{sich einleben}하고 결합하는 방법을 찾자는 구상을 했다. 이런 목적을 달성하려면 마리엔탈 주민들을 최대한 밀접하게 접촉해서 일상생활을 구석구석까지 알아내야 했다. 동시에 우리는 하루하루를 꼼꼼히 파악해서 객관적으로 재구성할 수 있어야 했다. 마지막으로, 이 모

---

8 P. F. Lazarsfeld and Wagner Thielens Jr., *The Academic Mind: Social Scientists in a Time of Crisis*, Glencoe, Ill.: Free Press, 1958, p. 262 ff.
9 어떤 사물이나 현상에 관한 개인의 태도를 측정한 결과를 수량으로 나타낼 수 있게 만든 설문지 ─ 옮긴이.

든 세부 내용을 최소한의 기본적 행동 양상의 표출로 볼 수 있게 전체적인 구조를 만들어내야 했다.

선교사들이 그러하듯, 우리는 이 목소리들이 우리에게 요구한 행동을 추가로 정당화할 필요를 느끼지 못했다. 그렇지만 이런 견해가 속속들이 스며들어 있었다. 사회지학의 역사를 다룬 글에서 한스 차이젤은 시카고에서 진행한 연구가 어떤 이유에서 자료를 통계적으로 분석하려 하지 않았다고 지적했다. 읽어보니 복잡한 양상을 수량화한 몇몇 사례만 찾을 수 있다는 말이었다. 차이젤이 한 검토는 우리의 연구 프로그램을 그대로 되풀이하는 언급으로 마무리된다.

지금까지 미국의 사회지학은 통계 분석과 구체적인 관찰에 바탕하는 풍부한 기술 사이에서 종합을 달성하지 못했다. 인상적 개념화를 보여주는 연구, 이를테면《폴란드 농민》에는 통계 분석이 전혀 들어 있지 않고, 거꾸로 통계학적 조사 연구는 종종 딱할 정도로 틀에 박힌 모습을 보인다.

수량화와 질적 자료의 해석적 분석을 결합하는 문제는 오늘날 연구자 사회에서 가장 중요한 관심거리다. 따라서 우리 견해의 기원을 좀더 자세하게 추적할 필요가 있다. 우리가 진행한 조사 연구 절차의 역사를 더듬어보면, 우리의 특별한 견해가 특징을 상세히 설명하는 데 도움이 된다. 이 역사는 말하자면 슬로 모션 영화 같은 구실을 하면서 각기 다른 부분들이 어떻게 보이는지, 어디에서 시작해 개조됐는지, 어떻게 새롭게 활용할 수 있는지를 보여준다. 어쨌든 초판본에 역사를 서술한 부록이 담긴 결과는 우연의 일치가 아니다. 어떤 면에서 다음에 설명하는 내용은 우리 자신의 연구를 경험적 사회 조사의 역사에서 등장한 한 일화로 다룸으로써 그 역사를 확장하는 시도로 볼 수 있다.

마리엔탈 연구 계획이 모양을 잡게 된 배경을 간략히 설명하면서 시작하는 방법이 가장 좋다. 새로 만든 빈 대학교 심리학 연구소Psychological Institute에서 뷜러 부부는 여러 접근법을 통합하는 작업에 집중하기 시작했다. 카를 뷜러가 쓴 중요한 책《심리학의 위기Die Krise der Psychologie》는 이런 시도를 보여주는 훌륭한 사례다. 뷜러는 내성주의자introspectionist[10]로 유명세를 떨쳤는데, 문화 철학의 전통, 그리고 특히 빌헬름 딜타이의 사상에도 밝았다. 게다가 미국을 여행하는 동안 이 나라에 만연한 행동주의를 접한 상태였다. 뷜러의 책은 심리학 지식의 이 세 가지 원천, 곧 첫째, 내성, 둘째, 예술, 민속 문화, 전기, 일기 같은 문화 산물에 관한 해석, 셋째, 행동 관찰을 분석하려는 시도였다. 그렇지만 뷜러 사상 전반을 관통하는 열쇠는 어떤 한 접근법이나 어느

---

10 수치로 나타낼 수 있는 행동 측정이 아니라 말로 보고하는 내용을 주요 자료로 사용하는 심리학자 ─ 옮긴이.

하나의 직접적인 정보를 넘어서서 폭넓은 개념적 통합에 이르러 야 한다는 데 있었다.

우리가 이런 통합적인 정신에 어떤 식으로 영향을 받았는지 를 자세히 설명하기는 어렵지만, 확실히 우리는 아무리 '사소 한' 연구라도 제대로 해석하고 통합하면 중요한 발견, 곧 더 높 은 수준의 일반화를 함축한다는 의미에서 '중요한' 발견으로 이 어질 수 있다는 사실을 보여줄 기회를 놓치지 않았다. 그리하여 우리는 일단 다음같이 프롤레타리아 소비자 개념을 만들어내면 서 우리가 진행한 많은 소비자 연구를 요약했다.

…… (프롤레타리아 소비자의) 행동은 심리적으로 비교적 변덕스럽 거나 능동적인 면이 덜하고 절제돼 있다. 물건을 살 수 있다고 생 각하는 상점의 범위는 넓지 않으며, 같은 가게에서 물건을 살 때 가 많다. 식료품 구입 습관도 굳어진 편이며, 계절에 따라 별로 달 라지지 않는다. 이렇게 실제적인 소비 반경이 축소된 까닭에 생필 품 말고는 관심을 보이지 않는다. 낮은 사회 계층에 속한 소비자 일수록 상품의 질이나 모양 같은 특성에 관련된 구체적인 요구를 빈번하게 하지 않는다.

다른 연구들도 다루는 주제의 성격 자체 때문에 나름대로 중 요하지만, 마리엔탈 연구는 가장 명확한 사례다. 그 무렵 빈에 서는 사회민주당 지도부가 매우 진보적인 행정을 펼치고 있었다. 노동 계급 문제에 관한 연구는 언제나 우리의 가장 우선하는 관심사였다. 따라서 우리는 유행하던 청년 관련 문헌들을 비판했다. 주로 중간 계급 청소년만 다룬 때문이었다. 우리는 열네 살 나이에 일을 시작하는 노동 계급 청년 문제에 많은 관심을 기울였다. 우리는 그 결과로 '프롤레타리아 청년'이 중간 계급 청소년하고 다르게 활기 넘치는 경험을 누리지 못하고 있다는 현실을 보여주려 했다. 그리하여 노동 계급 남성은 실질적인 기회를 충분히 누리지 못하는 까닭에 계속 열등한 지위에 남게 됐다.[11] 이런 사실을 뒷받침하려 수집한 증거들은 결국 마리엔탈 연구에 유용한 준비 과정이었다.

이 모든 작업에서 경험적 연구를 위한 몇 가지 규범이 당연한 과제로 제기됐다. 단순히 몇 퍼센트 되는 사람들이 어떤 주제에 관해 이렇게 행동하거나 저렇게 생각한다고 보고하는 데 그칠 수는 없었다. 우리의 과제는 다양한 조사 결과를 몇 가지 '통합적 구조물'로 결합하는 일이었다. 동시에 이렇게 깊이 있는 결과를 얻게 된 과정을 최대한 명쾌하게 설명하는 일이 지상 과제였다. 오스트리아의 경험을 요약한 1933년 논문에서 우리는 다음 네 가지 규칙을 추려내고 충분한 사례를 들었다.

---

11 이 연구의 내용에 관해서는 Leopold Rosenmayr, *Geschichte der Jugendforschung in Österreich 1914-1931*, Wien: Österreichisches Institut für Jugendkunde, 1962를 보라.

a. 어떤 현상에 관해서든 객관적 관찰뿐만 아니라 내성적 보고도 제시해야 한다.

b. 사례 연구와 통계 정보를 적절하게 결합해야 한다.

c. 모든 조사 연구에서 현재의 정보를 이전 단계에 관한 정보로 보완해야 한다.

d. '자연적 데이터와 실험 데이터'를 결합해야 한다. 여기서 실험이란 주로 설문지와 응답형 보고서solicited report를 의미하며, '자연적 데이터'란 오늘날 '비개입적 방법'으로 얻은 데이터, 곧 조사자가 개입하지 않은 채 일상생활을 관찰해서 얻은 데이터를 말한다.

기술description을 늘리는 정도 가지고는 충분하지 않았다. 기술 '이면의' 현상을 꿰뚫어보려면 조사하는 어떤 문제에 관해서든 다양한 데이터를 수집해야 했다. 마치 멀리 있는 물체의 정확한 위치를 측정하려면 삼각 측량법을 써 각기 다른 면과 방향에서 봐야 한다는 말하고 같은 이치다. 빈에서 시작된 조사 연구의 전통이 발전하면서 밑바탕에 깔린 이런 규칙을 내가 모두 알고 있었다고 할 수는 없지만, 그 구조가 충분히 표면에 드러나 있기 때문에 내가 미국에 와서 여유를 갖고 우리의 연구를 곰곰이 되돌아볼 때 꽤 쉽게 이런 구조를 명확히 설명할 수 있었다.

이 연구는 오스트리아 경제심리학연구센터가 감독하는 상황에서 진행됐는데, 연구센터의 명칭에는 심리학을 사회 문제와 경제 문제에 적용한다는 폭넓은 함의가 담겨 있었다. 연구센터는 빈 대학교 심리학연구소 부설 기관이었다.[12] 사회학과는 아직 없는 때였다. 그렇지만 이 연구 프로젝트가 사회학적 경향을 띤 사실은 분명하다. 서론을 보면 우리는 '실업자 개인이 아니라 실업자 공동체'를 연구하고 싶어했다. 주요한 장의 제목은 '피곤한 공동체'다. 우리가 볼 때 폐쇄적인 농촌 공동체가 다수의 도시 실업자보다 붕괴에 맞선 저항력이 더 크다. 나는 여기에 우리가 사과 소비, 신문 구독, 극장 공연 등 추세를 보여주는 객관적 지표를 선호한 사실을 포함시키고 싶다. 그리고 비록 마르크스를 언급하고 뒤르켐은 전혀 몰랐더라도 우리는 확실히 구조적 효과를 민감하게 포착했다. 나는 젊은이와 직업에 관해 동시에 진행한 연구에서 도시의 직업 구조와 젊은이들의 직업 계획 사이에서 도시 간에 상관관계가 있다는 점을 발견한 때 자부심을 느낀 기억이 난다.

앞으로 진행할 조사 연구를 위해 몇 가지를 제안하면서 마무리하려 한다. 오늘날 미국에서는 좀더 정교한 구분을 할 필요가 있다. 빈곤 때문에 희망이 짓밟히거나 기대감이 줄어들고, 결국 스스로 효과적인 기회를 더욱 줄이게 되는 악순환은 모든 빈곤층에게 같은 방식으로 적용될까? 거대한 대도시 지역에 거주

12 두 기관의 관계에 관한 더 자세한 내용은 Hans Zeisel, "L'école viennoise des recherches de motivation", *Revue Francaise de Sociologie* IX, 1968, pp. 3~12를 보라.

하는 실업자 개인들은 완전히 실업 상태인 탄광 지역 주민들하고는 다른 식으로 대응한다. 얼마 전 미국에 온 이민자들은 토박이 흑인에 견줘 다른 양상을 보인다. 강요된 게으름이 미치는 파괴적 효과는 다른 사회 문제에서도 일정한 구실을 한다. 이를테면 마약 중독자 재활 센터가 직면한 어려운 문제의 하나는 재정이 부족하다는 점, 그리고 행정 기관이 노동 프로그램을 체계적으로 개발하지 못한다는 점이다.

오늘날 린든 존슨Lyndon B. Johnson 대통령 시절에 경제기회청Office of Economic Opportunities을 동해 마련된 다양한 프로그램이 낸 효과를 평가하는 연구들이 자주 발표된다. 두 가지 요소가 더 많이 마련될수록 평가가 좋다. 구체적인 진행 과정을 꼼꼼하게 기록하고, 예상되는 효과와 장애물에 관해 미리 고찰해야 한다. 우리가 마리엔탈에서 쌓은 경험을 공유하면 평가 연구를 설계하는 데 도움이 될 듯하다.

마지막으로, 구체적인 역사적 조사를 제안하고 싶다. 내가 아는 한 아직 아무도 뉴딜 시기에 공공사업청 구상이 전개된 과정을 자세히 연구하지 않았다. 다른 서구 세계에서 한 일에 비교할 때 공공사업청은 눈부신 사회적 발명이었다. 이 구상은 일하지 않는 자는 아무것도 받지 못한다는 청교도 정신이 가져온 결과로 나타나 서서히 구호 입법에 스며든 걸까? 아니면 특정한 몇몇 개인이 앞장서서 사회학적 개념으로 분명하게 정식화해 정부 진영에서 승리를 거둔 걸까? 중유럽에서는 노동조합이 저항해서 실업 급여 체계가 큰 타격을 입었는데 노동조합들은 왜 대대적으로 저항하지 않았을까? 역사를 살펴보면서 훈련받은 사회과학자가 이런 질문들에 답을 찾으려 노력한다면 더 많은 내용을 배울 수 있다.

우리 연구에서 실질적인 부분은 우리가 조사 연구를 실험할 수 있는 비극적 기회가 다시 찾아오는 일이 없기를 바란다는 희망으로 끝을 맺었다. 그렇지만 역사는 우리가 품은 낙관주의를 실망시키고 있다. 집단적 빈곤과 빈곤이 가져온 여파를 극복하기 위해 창의적 혁신이 필요한 상황이 거듭 생겨났다. 이제 거창하지 않은 희망을 조심스럽게 밝힌다면, 사회 정책과 사회 조사는 좀더 효과적으로 연결돼야 한다.

파울 라차르스펠트

컬럼비아 대학교에서

1971년 봄

서론

우리는 실업이 미치는 영향에 관해 얼마나 알고 있을까? 실업 규모와 실업자에게 제공되는 지원금 액수에 관련된 몇 가지 통계를 구할 수 있고, 때로는 연령, 성별, 직업, 지역 상황 등에 따라 자세한 데이터가 나와 있기도 하다. 사회 문제를 다룬 문헌도 있다. 신문 기자를 비롯한 작가들은 실업자의 삶을 적나라하게 묘사하면서 아직 실업을 겪지 않은 이들에게 사례와 설명을 통해 실업자의 상태를 절실하게 알려주고 있다. 그렇지만 공식 통계로 나타난 앙상한 숫자와, 갖가지 우발적인 인상에 노출되기 십상인 문학적 설명 사이에는 간극이 드러난다. 우리가 오스트리아에 자리한 소도시 마리엔탈을 연구하는 취지는 이 간극을 메워보려는 데 있다.

우리는 현실 상황을 참여 관찰하는 몰입sich einleben하고 수치 데이터를 결합하는 방법을 찾자는 구상을 했다. 이런 목적을 달성하려면 마리엔탈 주민들을 최대한 밀접하게 접촉해서 일상생활을 구석구석까지 알아내야 했다. 동시에 우리는 하루하루를 꼼꼼히 파악해서 객관적으로 재구성할 수 있어야 했다. 마지막으로, 이 모든 세부 내용을 최소한의 기본적 행동 양상의 표출로 볼 수 있게 전체적인 구조를 만들어내야 했다.

이 보고서를 읽다 보면, 우리가 마리엔탈 사람들의 생활을 보여주는 전반적인 그림을 그리는 한편으로 동시에 복잡 미묘한 심리적 상황을 관련 통계로 뒷받침되는 객관적 틀 안에 집어넣으려 노력한 모습이 분명하게 드러난다. 우리는 목표한 바를 달성하는 데 도움이 되는 모든 경로를 탐색했다. 실업자 자신들이 한 증언 덕분에 우리는 실업의 생생한 경험을 직접 대면할 수 있었다. 무심코 던지는 말, 우리가 하는 질문에 관한 자세한 답변, 지역 공무원들이 해주는 설명, 우연히 접한 일기와 편지 등이 모두 증언이 됐다. 이미 사용할 수 있는 형태의 데이터도 일부 발견했다. 협동조합 상점, 각종 클럽, 시청 등의 기록이 이런 데이터였다. 그렇지만 대체로 우리 스스로 식사 기록, 시간 기록표, 그 밖의 여러 종류의 관찰 같은 형태로 필요한 데이터를 수집해야 했다.

결국 우리가 마리엔탈에 머무는 동안 얻은 전반적인 인상과 축적된 데이터에 관한 후속 연구에 부합하도록 자세한 데이터를 조정할 수 있었다. 우리는 객관적으로 입증되지 않는 인상을 모두 배제하는 식으로 사회 현상에 관한 모든 기술에 내재하는 주관적 요소를 최소한으로 줄이려 했다. 이렇게 해서 마침내 실업이 미치는 영향에 관한 우리의 기본적 통찰이 나타났다. 기대 감과 활동의 위축, 시간 감각의 붕괴, 다양한 단계와 태도를 통해 빠져들게 되는 무기력 상태 등이 그런 통찰이다. 이 명제를 중심으로 우리는 특징적인 주요한 결과뿐만 아니라 이따금 나타나는 예외적 현상까지 두루 정리했다.

우리의 접근법은 실업 문제 전반을 다루려는 시도가 아니었다. 이 조사 연구의 대상은 실업자 개인이 아니라 실업자 공동체였다. 실업자의 성격 특성에는 거의 관심을 기울이지 않았고, 정신병리학이 다루는 분야 전체를 생략했으며, 과거와 현재 사이에 뚜렷한 인과 관계를 추적할 수 있을 때만 개인의 사례사[case history]를 건드렸다. 또한 이 책을 읽는 독자는 폭넓은 일반화도 발견하지 못한다. 우리의 관심사는 특정한 시기에 특정한 곳에 자리한 특정한 산업에서 실직한 육체노동자였다. 특정한 공동체에 주목하는 이런 조사 연구에는 장점과 단점이 두루 있다.

우리는 우리 연구가 부딪힌 어떤 한계에 특히 관심을 환기하고 싶다. 흥미로운 결과로 이어진 한계이기 때문이다. 우리는 완전히 실업 상태가 된 공동체를 연구했다. 부분적 실업 상태에 빠진 공동체에 관한 비교 연구가 없는 만큼, 이를테면 대도시에서 일하러 다니는 사람들 사이에서 생활하는 실업자 개인이 주민 전체가 실직 상태인 곳에 사는 실업자에 견줘 어느 정도나 다른지를 확실하게 말하기 어렵다. 그렇지만 우리가 정리한 데이터를 주의 깊게 살펴보면 이런 결론에 다다른다. 마리엔탈에서 우리는 독일 부랑자들 사이에서 흔히 관찰되는 극단적인 집단 신경증 증상을 전혀 발견하지 못했다. 여러 이유 때문에 폐쇄적인 농촌 공동체는 장기간에 걸쳐 계속 기능을 유지하기가 쉽다는 사실을 말해주는 결론이다.

다른 한편 우리는 실업 상황에 따른 게으른 생활과 무력감에서 생겨나는 좀더 미묘한 심리적 영향을, 말하자면 클로즈업과 슬로 모션으로 절감했다. 이런 조사가 지닌 이점은 분명 사회복지사, 공무원, 정치인 등 실업 문제에 관심 있는 이들을 인터뷰하고 함께 토론하면서 생겨났다. 우연히 목격하는 사람이라면 실업 때문에 이따금 생겨나는 혁명적 영향이나 유난히 가슴 저미게 만드는 절망적 상황 등 눈길을 사로잡는 현상만을 보기 쉽다. 우리는 꼼꼼하게 조사를 한 덕분에 실업이 사람을 무력하게 만드는 영향을 좀더 분명하게 볼 수 있었다. 체계적으로 관찰하지 않으면 지나치기 쉬운 측면이다. 그렇지만 이런 영향을 보여주는 증거를 일단 인지하면 사회복지사들이 한 경험 속에서 충분한 근거가 드러났다. 우리가 조사 결과를 보고할 때마다 처음에는 반감에 부딪히지만 결국 전문가들조차 처음에 바라본 것과는 다른 시각에서 사실을 재평가하게 됐다.

보고서 자체에서 방법론을 설명하는 부담을 덜기 위해 우리가 결국 입수한 데이터의 종류와 이 데이터를 얻게 된 수단을 여기서 소개하려 한다.

가구 파일

478가구 각각에 관해 기다란 기록을 수집했다. 가구 구성원마다 개인 데이터와 실업 급여 형태 등을 담은 별도 파일을 작성했다. 파일에는 주거 상태, 가정생활, 가계 상황 등에 관련된 온갖 정보도 담겨 있었다. 또한 한 가족이 우리를 위해 일기를 썼다.

생애사

남자 32명과 여자 30명의 자세한 생애사를 기록했다. 이런 생애사의 중요성은 대개 한 개인의 생애 전반을 다룬다는 점에 있다. 이 사람들이 실업 시기에 관해 이야기를 할 때쯤이면 이미 자기 삶의 이야기보따리를 풀어놓은 상태였다. 따라서 사람들은 어렵지 않게 실업 상태 때 한 경험을 표현했다. 그때쯤이면 비교 근거가 되는 자기 삶의 그 부분에 관해 이미 밝힌 뒤이기 때문이었다. 만약 우리가 곧바로 현재 상태가 어떤지 질문을 던지면 아마 당혹스러운 침묵이나 공허한 말 몇 마디만을 마주하고 말 수도 있었다.

시간 기록표

80명이 어느 특정한 하루를 어떻게 지냈는지 보여주는 질문지에 응답했다.

보고서와 고충 처리

지난 몇 년간 마리엔탈이 속한 비너노이슈타트 구의 노사위원회 보고서와 고충 처리를 연구했다.

학생 작문

몇몇 초등학생과 청소년이 '내가 가장 갖고 싶은 것', '장래 희망',

'크리스마스 선물로 받고 싶은 것' 같은 주제로 글을 썼다.

글짓기 대회

몇몇 청소년이 '나의 미래에 관한 생각'을 주제로 해서 글을 썼다.

식사 내용 기록

40가구가 일주일 동안 먹은 음식을 기록했다. 실업 급여가 지불되기 전날과 다음날 학생이 싸간 점심 도시락에 관해서도 기록했다.

기타 보고서

어린이 80명이 받은 크리스마스 선물, 술집에서 오가는 대화의 주제와 행동, 부모들이 자녀 양육에서 부딪히는 문제(의사 상담실에서 적은 노트), 의료 검진, 학생들의 학업 수행에 관련해 교사들이 건넨 정보, 복지 당국과 공장, 성당 신부 등이 수행하는 전반적인 복지 활동, 술집과 이발소, 정육점, 말 도살업자, 구둣방, 양복점, 제과점 등에서 쓴 돈, 다양한 정치 클럽과 단체의 보고서 등을 수집했다.

통계 데이터

협동조합 상점의 회계 장부, 공공 도서관 대출 기록, 다양한 신문 구독, 각종 클럽의 회원 현황, 선거 결과, 연령 분포와 출생, 사망, 혼인, 거주 이전 수치 등이 포함된다.

살림 통계

상공회의소에서 근무하는 한 관리가 가구 통계를 수집한다는 특별한 목적을 띠고 마리엔탈에 왔지만, 기술적 어려움 때문에 두세 가구의 통계만 확보할 수 있었다.

이 모든 데이터를 확보하는 정도 가지고는 충분하지 않았다. 성과를 거두려면 아주 특별한 접근법을 채택해야 했다. 우리는 조사자 전체가 단순한 보고자나 외부 관찰자로 마리엔탈에 머무르면 안 된다는 일관된 방침을 정했다. 모든 이가 마리엔탈에 도움이 되는 몇몇 활동에 참여하는 식으로 공동체 생활에 자연스럽게 녹아들어야 했다. 마리엔탈에 실제로 거주하는 조사자 사례에서는 이 일이 가장 어려웠다. 그렇지만 우리가 착수한 다음 같은 갖가지 특별 프로젝트에 힘입어 이 문제도 놀라울 만큼 순조롭게 풀렸다.

의류 지원 사업

빈에서 개인이 소장한 의류를 지원받아 헌옷 200벌을 확보할 수 있었다. 세탁과 수선을 거친 뒤 우리 조사팀은 그라마트노이지들 구에서 공식적으로 진행하는 겨울철 지원 사업에 협력해 주민들에게 옷가지를 나눠줬다. 아동용 신발과 두꺼운 양말이 특히 부족해서 자체 경비로 새 양말과 신발을 사서 보충했다. 행사에 앞서 조사자 한 명이 100가구를 방문해 어떤 종류의 옷이 가장 급하게 필요한지를 물었다. 이 방문을 하면서 슬며시 가정을 둘러볼 수 있었으며, 또한 가정에서 특별히 필요한 물품들을 확인하고 누가 특별히 관심을 받는지 알아낼 수 있었다.

옷가지를 나눠주는 동안 받는 사람들의 행동, 그리고 특히 이런 식의 지원에 드러내는 반응과 각자가 놓인 전반적인 곤경에 보이는 반응을 자세히 기록했다. 마지막으로, 로테 단치거 박사가 의류 지원 사업에 연계해 사전 작업을 한 덕분에 주민들을 쉽게 접촉할 수 있었다. 단치거가 신뢰를 불어넣은 뒤라서 노동자들이 마음 편히 방대한 생애 자료를 우리에게 털어놓았다.

다른 사업도 비슷한 방식으로 진행됐다. 다음에 열거하는 사업들은 정보를 수집하는 데 도움이 된 과정을 보여준다. 조사팀 성원들은 다양한 활동에 참여했다. 마리엔탈 주민들에게 환영을 받은 만큼 조사팀이 보고하는 내용은 연구 전체에 걸쳐 원래 형태로 등장한다.

정치 활동

우리는 주민들 중에서 활동적인 이들이 정치적으로 조직돼 있다는 사실을 알기 때문에 그런 사람들하고 정치적 접촉을 시도했다. 우리 조사팀은 갖가지 정치 성향이 모두 섞여서 사실상 모든 조직에 접근할 수 있었다. 이렇게 정치 성향을 총망라한 덕분에 여기저기서 들려오는 지역 상황을 둘러싼 숱한 비판을 제때 점검할 수 있었다.

패턴 디자인 강습

두 달 동안 주 2회 패턴 디자인 강습을 진행했다. 누구나 들을 수 있었는데, 실제로 여성 50명 정도가 참여했다. 이 강습은 실업자라면 누구나 느끼기 마련인 일정한 활동을 하고 싶다는 욕구를 충족시킨 사실, 그리고 강습 과정에서 실업 때문에 어쩔 수 없이 게을러진 생활에 마리엔탈 사람들이 보이는 태도하고 관련해 우리가 많은 것을 배운 사실에 의미가 있었다. 우리는 다음 같은 방식으로 관련 데이터를 입수했다. 강습 도중에 여성들에게 다른 곳에서도 비슷한 강좌를 열 생각이라고 말하면서 각 참가자에게 강습을 통해 정확히 무엇을 얻었는지, 다시 강습을 진행한다면 제안하고 싶은 개선점이 있는지 물었다. 강습이 워낙 인기가 좋아서 결국 원래 일정보다 연장하기로 결정했다.

의료 지원

매주 토요일 오후에 여성 산부인과 의사와 소아과 의사가 무료로 의료 상담을 진행했다. 긴급 상황이면 무상으로 약을 주거나 치료를 했다. 진찰실에서 오고간 대화는 기록했다. 이런 의료 상담을 통해 우리는 한 가족의 의료 실태와 경제 상황을 파악할 좋은 기회를 확보했다. 성공적인 진찰 자체는 환자가 하는 진실된 진술에 달려 있기 때문이었다. 이 과정에서 우리는 또한 사회복지사에게 털어놓은 진술의 일부를 검토할 기회도 얻었다. 그때만 해도 사회복지사에게 곧이곧대로 말하는 사례가 드물었다.

여학생 체육 교실

여학생들을 접촉하려고 체육 교실을 마련했다. 남학생들은 대부분 이런저런 동아리 활동을 하기 때문에 동아리를 거쳐 대부분의 남학생을 서서히 만날 수 있었다. 반면 여학생들은 실업 사태가 시작된 이래 동아리를 그만둔 상태여서 만나기가 어려웠다. 결국 체

육 교실을 열어 여학생들의 관심을 자극해서 여성 조사자를 접촉
하게 할 수 있었다.

학부모 지원

진찰에 연계하거나 강좌가 끝난 뒤 어머니들에게 자녀 양육 과정
에서 부딪히는 문제를 상담할 수 있는 기회를 제공했다. 때때로
어머니들은 이런 기회를 활용해서 또 다른 가정 문제도 상담했다.

마지막으로, 조사 작업을 계획하는 데 필요한 가이드라인을
제시하기 위해 조사팀에 설명한 지침의 일부를 보여주겠다.

[연구의 주요한 질문]

Ⓐ 실업을 대하는 태도

- 실업에 처음에는 어떤 반응을 보였는가?
- 일자리를 구하려고 어떤 노력을 기울였는가?
- 누가 마리엔탈 밖에서 일자리를 구했고, 어떤 방법으로 일자리
  를 구했는가?
- 원래 하던 일 대신에 어떤 일(이를테면 토끼 사육, 농장일 등)을
  하고 있는가?
- 임시 고용, 특히 해외 이주 가능성에 보인 태도는?
- 태도의 유형과 단계적 변화는 어떠한가?
- 사람들이 여전히 구상하는 계획은? 성인과 청소년 사이에 차이
  가 있는가?

- 일하는 사람과 실직 중인 사람의 차이는?

- 지원 기관을 향한 태도는 어떠한가?

- 지금도 '쓸데없는' 활동을 하고 있다면 무엇인가?

Ⓑ 실업이 미치는 영향

- 주민들의 신체 상태에 미치는 영향은 무엇인가?

- 학생들의 학업 수행에 미치는 영향은 무엇인가?

- 범죄 발생에 미치는 영향은 무엇인가?

- 부모가 실업자가 되면 나이든 자녀와 어린 자녀 중에서 어느 쪽이 더 영향을 받는가?

- 다시 일을 하게 되면 곤란한 문제가 생기는가?

- 정치적 견해차가 커지는가, 아니면 작아지는가?

- 종교를 향한 태도가 바뀌었는가?

- 관심이 전반적으로 변화하는가?

- 사람들의 시간 감각에 어떤 변화가 나타나는가?

- 사람들 사이의 관계가 바뀌었는가?

- 경쟁이나 협력을 보여주는 증거가 새롭게 나타나는가?

- 가족 안에서 변화가 나타나는가?

사전 작업과 토론은 1931년 가을에 시작했다. 단치거 박사는 1931년 12월 초부터 1932년 1월 중순까지 마리엔탈에 살았다. 관련된 심리학적 자료는 대부분 그 시기에 수집했다. 5월 중순까지 개인별 프로젝트가 계속되고, 추가 관찰이 진행되고, 통계

자료를 모았다. 그런 다음에야 데이터를 처리하기 시작했는데, 이 과정이 6개월 넘게 걸렸다. 실제 조사 기간 동안 조사팀은 일 주일에 한두 차례 만나서 각자의 경험을 공유하고, 관찰 결과 를 논의하고, 일정을 조정했다. 우리는 마리엔탈에서 모두 합쳐 120일 정도 작업을 했고, 수집된 자료는 30킬로그램에 이르렀 다. 당연히 우리는 모든 질문에 답을 찾지는 못했다. 이를테면 자금이 부족해서 학생 대상 심리 검사를 포기해야 했다.[1]

다른 한편, 전에는 미처 생각하지 않던 몇 가지 지점이 조사 작업 중에 드러났다. 그러니까 저항력과 소득, 과거 생애사 사 이의 연관성이 드러났다. 때로는 조사 사업이 우리 계획대로 진 행되지 않았다. 청소년 글짓기 대회는 신청자가 모자라 무산됐 는데, 이 과정에서 흥미롭고 새로운 특징이 두드러졌다. 직업 훈 련을 받는 청소년하고 실업 상태의 청소년이 큰 차이를 보였다. 전반적으로 우리 연구는 이렇게 복잡한 현지 조사가 으레 마주 치는 행운과 불운을 골고루 겪었다.

우리가 활용한 조사 방법이 얼마나 유용한지는 결과로 판단 해야 한다. 사회지학의 발전에서 이런 방법론이 어떤 자리를 차 지할지에 관한 생각은 후기에 밝혀뒀다.

---

1 그 뒤 부모가 당한 실업이 학생의 학업에 미치는 영향을 측정한 아돌프 부제만은 우리가 한 관찰 을 확인해주는 결론에 다다랐다 — 영어판.

공장 도시

마리엔탈은 오스트리아 슈타인펠트 지구에 속하는 피샤-다그니츠 강변에 자리한 작은 공장 도시다. 빈에서 기차를 타면 35분 뒤 가장 가까운 역인 그라마트노이지들에 도착한다. 역에서 훤히 트인 벌판을 30분 정도 걸어가면 마리엔탈이다. 슈타인펠트에 처음 오는 사람이라면 그라마트노이지들과 마리엔탈 사이에 경계선이 있는지도 눈치채지 못한다. 집들이 사라지고 300미터 정도 도로 양쪽에 오두막이 있는 길을 지나면 마리엔탈에 들어선다. 소도시는 슈타인펠트 지구 전체가 그렇듯이 단조롭다. 단층 주택은 기다랗고 나지막한데, 모두 똑같은 양식이다. 도로에서 벗어나면 보이는 많은 조립식 간이 오두막집은 갑자기 들이닥친 노동자들을 수용하려고 급하게 지은 티가 역력하다. 예전 공장주 저택과 공장 병원, 사무실 건물만 2층으로 돼 있어서 다른 집들이 내려다보인다. 이 주택들 뒤편에 피샤 강둑을 따라 우뚝 선 굴뚝 두 개를 둘러싼 기다란 벽은 곳곳이 허물어져 있다. 바로 이곳이 공장이다.

슈타인펠트는 땅이 기름지지 않아서 농사가 어렵다. 처음에 이 인근에 정착한 농민들은 살기가 팍팍했다. 오늘날도 생계를 이어가려면 갖은 애를 써야 한다. 수확 철에 마리엔탈에서 일꾼을 고용할 수 있는 농민은 극소수다.

마리엔탈에서 걸어서 한 시간 안쪽으로 역사나 구조가 비슷비슷한 작은 마을이 몇 개 있다. 펠름에 있는 니트 의류 공장에서는 젊은 여성들이 일주일에 13~18오스트리아실링 정도를 받는다.[1] 그리고 괴첸도르프에 있는 면직 공장은 생산량이 크게 줄어 주급이 28~32실링[2]이다. 운터발터스도르프와 오버발터스도르프에 있는 소규모 공장들도 임금 구조가 비슷하다. 마너스도르프에 있는 채석장에서 일하는 노동자들은 1주일에 최대 32실링을 집으로 가져간다. 모스브룬에 있는 유리 공장도 얼마 전에 문을 닫았다.

다른 곳들은 시장이나 교회, 성을 중심으로 규모가 커진 반면 마리엔탈은 공장이 중심이었다. 공장의 역사가 도시의 역사나 마찬가지다.

마리엔탈에는 '마리엔탈의 아버지, 헤르만 토데스코'라는 문구를 새긴 조각상이 있다. 어린 학생들도 이 사람 이야기를 줄줄이 읊을 수 있다. 1830년, 토데스코는 리넨 방적 공장을 세울 만한 입지를 찾아 마리엔탈로 왔다. 이곳이 안성맞춤으로 보였다. 평지라 제품 운송이 쉬웠고, 마리엔탈이 자리한 작은 강 덕분에 전력을 안정적으로 공급할 수 있었다. 피샤-다그니츠 강에 흐르는 물은 한겨울 맹추위에도 얼지 않고 연중 수량이 일정했다. 공장에서 가장 오래된 건물이 강둑 위에 세워지고 그 옆에 주택도 몇 채 들어섰는데, 보헤미아, 모라비아, 그리고 많은 독일 노동자들이 순식간에 새집을 차지했다. 토데스코는 얼마 지나지 않아 면방적으로 업종을 전환하고 공장을 확장했다. 새 주택을 지어야 했고, 공장 상점 말고도 작은 가게들이 문을 열면서 마리엔탈은 커지기 시작했다.

공장뿐만 아니라 도시의 주인이기도 한 토데스코는 마리엔탈의 미래에 책임감을 느꼈다. 토데스코와 노동자들 사이의 관계는 가부장제나 다름없었다. 물론 임금은 낮고 심지어 어린이들도 하루에 8시간씩 3교대로 일해야 했지만, 그 시절에는 다들 그런 식으로 일했다. 마리엔탈로 사람들이 모여들었다. 숙소도 괜찮고, 가족 전체의 생계를 벌 수 있다는 확신이 있기 때문이었다. 해고 자체가 드문 일이었다. 일단 마리엔탈에 자리를 잡으면 가족 전체가 공장에 취직됐다. 여자들이 일하러 갈 수 있게 토데스코는 유치원을 열었다. 학교에 들어갈 나이가 된 아이들

---

1 1오스트리아실링(1932년, 100그로셴)은 구매력 기준으로 40센트(1971년) 정도다 — 영어판(미국 소비자 물가 지수(CPI)로 계산한 1970년 1달러의 구매력은 2021년 기준 6.83달러다. 따라서 1932년 1오스트리아실링의 현재 구매력은 약 2.73달러이고, 니트 의류 공장의 주급은 35~49달러다. 아래에서는 따로 환산하지 않았다. https://www.in2013dollars.com/us/inflation/1970?amount=1 참조 — 옮긴이).
2 2021년 달러 가치로 76~87달러 — 옮긴이.

에게는 학교를 세워 매일 2시간씩 정규 교육을 제공했다.

1860년대에 토데스코는 방직기를 추가로 들이고 표백 공장을 증설했다. 공장은 이제 대규모 산업 단지로 바뀌어 공장주와 노동자 사이의 가부장적 관계가 모습을 감추기 시작했다. 노동조합 사상이 마리엔탈에 서서히 침투하기 시작했다. 그때서야 노동자 조직이 처음으로 결성됐다. 1890년에 임금 인상을 요구하는 첫 파업이 벌어지지만 군대에 진압됐다. 제국 기병이 6주 동안 마리엔탈에 주둔했다. 후퇴 나팔이 울려 퍼질 때쯤에는 몇몇 주민은 이미 군인들하고 화해한 상태였다. 몇몇 군인은 군대 생활보다 마을에서 사는 편이 마음에 들어서 마리엔탈 처녀들하고 결혼해 공장 노동자가 돼 있었다.

1890년대에 공장 책임자가 새로 왔다. 이 공장주는 몇 십 년간 마리엔탈을 지배했는데, 그동안 공장은 급성장했다. 주요 생산물은 헝가리와 발칸 반도로 수출하는 파란색과 분홍색 날염 면직물이었다. 공장에서 가부장적 질서가 서서히 사라지면서 노동자 조직이 꾸준히 힘을 키웠다. 세기 전환기 무렵 마리엔탈은 정치 활동이 활발한 곳이었다.

1차 대전 때는 잠시 군수품 생산으로 전환했다. 제국이 붕괴한 뒤 공장은 완전히 재편됐다. 새로 창설된 노동자평의회가 순식간에 영향력을 발휘해서 조업 중단이 거듭되고 격렬한 노사 분쟁이 일어났다. 지금도 마리엔탈 사람들은 소란스러운 정치 활동이 벌어진 이 시절을 입에 올린다. 한편 그동안에도 공장은 확장을 거듭했다. 레이온 생산이 시작됐고, 1925년에는 새 기계를 설치할 부속 건물을 세웠다. 같은 해에 공장 노동자 전체가 오스트리아 섬유 노동자 대파업에 참여했다. 이듬해에는 심각한 불황의 징조가 처음으로 나타났다. 1926년 7월에서 12월 사이에 노동자 중에 절반이 정리해고를 당했다. 그렇기는 해도 1927년과 1928년, 1929년 전반기는 마리엔탈 사람들에게 그다지 힘든 시절은 아니었다. 새 기계를 설치했고, 생산량을 유지하기 위해 광폭 섬유 생산으로 전환하는 방안이 고려됐다. 고용은 정점에 이르렀다.

그렇지만 사정이 개선된 시간은 잠깐뿐이었고, 1929년 중반 최종 붕괴가 닥치기 전에 감행된 마지막 시도였다. 7월에 방적 공장이 문을 닫았고, 8월에는 날염 공장이, 9월에는 표백 공장이 폐쇄됐다. 1930년 2월에는 방적기가 전부 멈춰 섰고, 곧이어 공장 안 터빈이 가동을 중단했다. 겨우 며칠 뒤에 길길이 날뛰는 사람들 사이에서 철거 작업이 시작됐다.

노동자 60명만 남아서 공장 시설을 해체했다. 이 작업조에 포함된 노동자평의회 성원 한 명은 자발적으로 작업을 거부했다. 오랫동안 일한 정든 일터를 부수는 작업에 참여하고 싶지는 않기 때문이었다.

오늘날에는 염색 공장과 방직기만 남아 있다. 표백 공장과 방적 공장은 철거되고 없다. 아직도 공장 잔해가 깔끔하게 치워지지 않았다. 노동자들은 자기 집 창문으로 한때 몸바쳐 일한

표 1 마리엔탈과 니더외스터라이히 주의 인구 구성

	마리엔탈	니더외스터라이히 주
미취학 아동(0~5세)	8%	9%
학령 아동(6~13세)	13%	15%
생산 활동 인구(15~59세)	66%	65%
노령 인구(60세 이상)	13%	11%
전체	100%	100%

표 2 가구 규모에 따른 가구 분포

	인원수											
	1	2	3	4	5	6	7	8	9	10	11	전체
가구 수	62	121	150	80	40	9	9	4	1	0	1	478
백분율	13	25	31	17	9	2	2	1	*	*	*	100

표 3 14세 이하 자녀를 둔 가구 수

	14세 이하 자녀 수							
	1	2	3	4	5	6	없음	전체
가구 수	126	54	20	4	3	1	270	478
백분율	27	11	4	1	1	*	57	100

곳에 쌓인 돌무더기와 찌그러진 보일러 통, 낡은 동력 전달 바퀴, 반쯤 무너진 담벼락을 바라본다.

마리엔탈 주민은 1486명(남자 712명, 여자 774명)으로, 그중

318명이 14세 이하다.[3] 마리엔탈의 인구 구성은 별로 특이할 게 없다. 마리엔탈이 속한 니더외스터라이히 주의 인구 구성하고 얼추 비슷하다. 표 1을 보면, 마리엔탈과 니더외스터라이히 주의 연령 집단별 전체 인구 비율을 비교할 수 있다.

니더외스터라이히 주는 마리엔탈보다 평균 연령이 약간 낮은데, 농촌 지역이 아동 수가 더 많기 때문이다. 마리엔탈은 1927년부터 1931년 사이에 연평균 출생아 수가 19.6명이었는데, 같은 시기에 평균 사망자 수는 12.4명이었다. 오스트리아 전체가 그렇듯 마리엔탈 주민들은 기본적으로 로마 가톨릭교도이지만, 167명(남자 81명, 여자 54명, 어린이 32명)은 어떤 교파에도 속해 있지 않다.

가구는 전부 478개이며 평균 가구원은 3.1명이다. 규모에 따른 가구 분포는 표 2를 보면 된다. 14세 이하의 어린이가 있는 가구 수는 표 3을 보면 된다.

마리엔탈의 주택은 전부 마리엔탈 트루마우어Marienthal Trumauer사가 소유한다. 주민들은 이 회사를 상대로 공동 임대 계약을 맺고 있다. 평균적인 가정은 방 하나와 주방 하나로 구성되는데, 주민들은 현재 월세로 4실링을 낸다. 그전에 회사에 고용돼 있을 때는 5실링을 냈다. 더 작은 집(방 하나와 곁방 하나)은 월세 3실링(전에는 4실링)을 내고, 더 큰 집(방 하나, 주방 하나, 작

---

3 다른 말이 없으면 모든 통계는 1932년 1월 기준이다 — 영어판.

은 침실 하나)은 6실링(전에는 7실링)을 낸다.

마리엔탈에는 성당이 없어서 사람들은 가까운 그라마트노이지들에 미사를 드리러 다닌다. 이웃 마을하고 특히 긴밀하게 접촉하는데, 많은 상인들이 '경계를 넘어서' 물건을 거래하러 오기 때문이다. 마리엔탈 안에는 극장 한 곳, 말 도살장 두 곳, 제과점 한 곳, 협동조합 상점 한 곳, 식료품점 한 곳, 이발소 한 곳, 공장이 운영하는 술집 한 곳에 더해 소규모 잡화점이 여럿 있다.

몇 년 전에 사회민주당 당원들이 남는 시간을 활용해 노동자 회관을 세웠다. 마리엔탈은 언제나 정치 활동이 활발한 곳이었고, 오래전부터 각기 다른 정당이 여러 단체와 기관을 운영하고 있다. 사회민주당 쪽에는 당 조직, 연극 클럽을 보유한 노동조합, '어린이의 벗Children's Friends'이라는 이름을 단 아동복지위원회, 자유사상가협회, '불꽃Die Flamme'(장의사 협회), 자전거 클럽, 노동자 라디오클럽, 노동자 체육클럽, 레슬링 클럽, 청년사회주의 노동자단, 공화의용군, 노동자 도서관, 토끼사육자협회, 주말농장협회 등이 있다. 기독사회당 쪽에는 당 조직, 기독여성회, 소녀 클럽, 소년 클럽, '즐거운 어린 시절'이라는 이름을 단 아동복지위원회가 있다. 독일국민당 쪽에는 독일체육회, 독일합창단이 있다. 이 두 단체는 얼마 전 창설된 민족사회주의당(나치당) 지부로 점차 흡수되는 중이다.

3장

생활 수준

2주마다 돌아오는 실업 급여 지급일은 일요일보다도 중요한 날
이다. 마리엔탈의 경제 생활 전체가 이 2주를 주기로 돌아간다.
빚이 있어도 되도록 이날까지 미루다 갚고, 빈에서 오는 방문
판매원을 가리키는 '월부 유대인Ratenjud'도 이날 와서 대금 지불
조건을 흥정한다. 당장 필요한 밀가루, 감자, 돼지기름 같은 생
필품도 이날 산다. 이날은 식사도 평상시보다 잘 차려 먹고, 아
이들은 마치 명절이라도 된 듯 들떠 있다. 아이들은 평소하고
다르게 배불리 먹으면서 2주 주기를 온몸으로 느낀다.

초등학교 교사가 우리를 위해 수집한 통계를 보면 아이들이
싸 온 점심 도시락이 어떤 상태인지 알 수 있다(표 1).

학생들 중에서 절반이 2주 주기의 막바지로 가면서 도시락을
싸오지 않으며, 실업 급여를 지급받은 다음날이 돼야 다시 평
상시처럼 도시락을 싸온다. 이런 주기적 변동은 또한 집에서 먹
는 식사에도 영향을 미치는 듯하다. 그렇지만 몇몇 가정은 이렇

표 1 2주 주기로 달라지는 도시락

	학생 수	
	실업 급여 지급 전날	실업 급여 지급 다음날
도시락이 없거나 버터도 없는 맨 빵	19	2
제대로 갖춘 도시락	19	36
전체	38	38

표 2 가족 수입 상태 분류

실업 상태(가족 구성원 중 아무도 일하지 않음)	
최소한 가족 중 한 명이 실업 급여나 긴급 지원을 받음	358
실업 급여 수령 자격이 만료되거나 자격이 없기 때문에 가족 중 한 명도 실업 급여를 받지 못함	9
실업 가구 전체	367
노동 상태(가족 중 최소한 한 명이 일을 함)	
마리엔탈에서 일함	22
빈에서 일함	56
이웃 마을에서 일함	15
노동 가구 전체	93
다른 복지 급여나 연금을 받음	18
총계	478

게 2주마다 돌아오는 지급일이 때로는 실업 급여가 줄어들거나
아예 지급이 중단되는 날이 되기도 한다. 앞으로 살펴보겠지만,
이런 일이 생기면 가정생활 전체가 심각하게 타격을 받는다.

오스트리아에서 실업자에게 지급되는 실업 급여는 1920년 3월에 제정되고 스물여덟 차례 개정된 법률에 따라 규제된다. 실업 급여 지급은 대상자의 노동 기록과 이전에 받은 임금과 가족수에 따라 결정된다. 구호금을 받으려면 수령자가 이전 연도에 최소 20주 이상 고용된 일이 있고 임금을 받지 못해 생계가 심각하게 위협받는다는 사실을 입증하는 증거가 있어야 한다.

실업 급여에 드는 비용은 고용주와 피고용인, 지방 노동청이 공동으로 부담한다. 실업 급여는 20~30주 동안 지급된다. 이 기간이 끝나면 실업 급여 수급 자격이 만료되며, 그다음부터 노동자는 긴급 지원만을 받을 수 있다. 긴급 지원 액수는 공식적 지위를 가진 독립 기구인 지방 산업위원회가 재량으로 결정한다. 긴급 지원은 보통 정규 실업 급여의 80퍼센트 정도 된다. 22~25주가 지나면 긴급 지원도 중단되는데, 정확한 지급 기간도 산업위원회가 정한다. 그 뒤에는 모든 지원이 끝난다.

정규 실업 급여는 두 종류가 있는데, 가장과 독신 실업자에게는 더 많은 액수가 지급되고 가구원 실업자는 액수가 적다. 액수가 많은 실업 급여는 하루에 0.76~3.50실링이고, 액수가 적은 실업 급여는 0.72~2.30실링이다. 전체 실업 급여는 마지막으로 받은 주급의 80퍼센트를 넘어서는 안 된다.

돈을 받고 어떤 일이든 하는 순간 실업 급여 수령 자격이 박탈된다. 우연히 잠깐 일을 하고 보고하지 않으면 산업위원회가 강력한 조치를 취할 수 있다. 실업 급여 지급이 중단된 전형적인

표 3 실업자들의 소득 분포

	가구		개인	
	수치	백분율	수치	백분율
최고 생계	41	11	59	5
평균	293	80	1024	84
최저 생계	33	9	133	11
총계	367	100	1216*	100

* 367가구 1216명은 마리엔탈 전체 인구의 82퍼센트를 차지한다.

사례는 다음 같다. 어떤 노동자가 땔감을 받는 대가로 나무 베는 작업을 도왔다. 한 여성은 우유를 배달하고는 자녀를 먹이려고 우유를 조금 받았다. 어떤 남성은 하모니카를 연주해서 푼돈을 벌었다. 마리엔탈이 어느 정도나 실업 급여에 의존하는지는 **표 2**를 보면 알 수 있다.

따라서 마리엔탈 전체 가구의 4분의 3이 실업 급여에 생계를 의존한다. 연금이나 다른 복지 급여로 살아가는 18가구는 은퇴한 철도 노동자 가정이다. 아직 직장이 있어서 마리엔탈 안에서 생계를 버는 가장 22명은 시장, 본당 총무, 경찰관 3명, 술집 주인, 산파, 교사, 목수, 구두장이, 가게 주인 2명, 정육점 주인, 가게 점원 2명, 우체부, 아직 공장에서 여러 가지 시설 관리 일을 하는 노동자 6명 등이다.

앞서 우리는 마리엔탈 인근 지역에 있는 공장에서 지급하는 임금 수준을 살펴본 적이 있다. 13~32실링이라서 때로는 실업 급여보다 적은 사례가 있다. 이렇게 때문에 인접 지역에서 일하는 가구는 생활 수준이 실업자들하고 별로 다르지 않다.

실업 급여를 받는 358가구의 평균 소득은 하루에 단위 소비자consumer unit당 1.40실링이다.[1] 몇몇 가구, 그중에서도 특히 독신 가구는 형편이 낮다. 단위 소비자당 하루에 최대 3.38실링을 받는다. 반면에 또 다른 몇몇 가구는 실업 급여를 전혀 받지 못한다. 실업 급여 수급 자격은 끝났는데 일자리도 전혀 구하지 못한 상태다. 마리엔탈에서 가장 적은 실업 급여를 받는 사례는 단위 소비자당 하루에 0.26실링이다.

지금부터 하루에 단위 소비자당 받는 소득이 0.66실링(한 달에 20실링) 이하인 가구를 **최저 생계** 가구라고 부르고, 하루에 2.00실링(한 달에 60실링) 이상을 받는 가구를 **최고 생계** 가구라고 부르기로 한다.

실업 상태인 367가구 중에서 33가구(9퍼센트)가 최저 생계 가구에 들어가고 41가구(11퍼센트)가 최고 생계 가구에 들어간다. 그렇지만 가구 수 대신에 좀더 정확한 수치인 두 그룹의 개인 수를 집계하면 비율이 크게 바뀐다. 최저 생계 가구가 평균적으로

---

1 우리는 **단위 소비자**를 14세 이하 어린이는 0.6단위, 14~21세 젊은이는 0.8단위, 성인 여성 0.8단위, 성인 남성 1.0단위에 해당한다고 정의한다.
마리엔탈 사람들이 버는 소득의 구매 가치를 알아보려고 몇몇 주요한 식재료의 평균 가격을 나열하면, 저품질 밀가루 1킬로그램 0.65실링, 포장하지 않은 맥아 커피(볶은 맥아. 진짜 커피 아님) 1킬로그램 0.96실링, 소금 1킬로그램 0.70실링, 마른 콩 1킬로그램 0.56실링, 말고기 1킬로그램 1.80실링, 우유 1리터 0.38실링 등이다.

가구 규모가 크기 때문이다. 실업자들의 소득 분포를 살펴보자.

표 3을 보면, 실업 상태의 가구가 최고 생계 수준에 속할 수 있는 조건이 드러난다. 가구의 수와 가구원 수를 비교하면 1인 가구와 부양가족 없는 몇몇 2인 가구만이 거의 전적으로 최고 생계에 해당한다는 사실을 알 수 있다. 최저 생계 가구의 특징은 그만큼 분명하지 않다. 우선 여기에서는 이 최저 생계 가구들을 다룬 좀더 자세한 기록에서 발췌한 내용을 살펴보자.

001번 가구: 남편, 부인, 자녀 네 명

남편의 예전 고용주가 사회보장 기금을 납입하지 않은 탓에 이 가족은 실업 급여 수령 자격을 상실했다. 봄에 남편은 지붕 이는 인부로 잠시 일했다. 그때를 빼면 가족은 구걸과 도둑질로 생활하고 있다. 아이들과 가정은 완전히 방치 상태다. 남편은 술만 마시고, 부인은 비방죄로 교도소에 갇혀 있다.[2]

273번 가구: 어머니와 자녀 한 명

어머니는 외국인하고 결혼해서 국적이 상실된 탓에 실업 급여 자격도 박탈당했다. 결혼 직후에 남편은 가족을 버리고 외국 군대에 입대했다. 여름 동안 여자는 잡일을 하고 이따금 부모에게 금전 지원을 받는다. 여자는 외롭게 살다 보니 만사에 무관심하다. 친척들하고 끊임없이 싸움을 한다.

268번 가구: 남편, 부인, 자녀 세 명

남편은 외국인이고, 부인이 일을 해서 일주일에 13실링을 번다. 남편은 가끔 구두 수선 일을 한다. 주말농장을 소유하고 있으며, 가끔 석탄을 조금 슬쩍 한다고 시인한다. 집은 깨끗하지만 집안 분위기는 절망 자체다.

33개 최저 생계 가구의 개략적 상황은 다음 같다. 12가구는 외국인이기 때문에 실업 급여를 받지 못한다. 9가구는 오스트리아 국민이라고 해도 이런저런 이유 때문에 받지 못한다(전직 자영업자이거나 고용 기간이 20주에 못 미치거나 하는 등). 7가구는 실업 급여를 받기는 하지만 가족이 많아서 1인당 생활비가 부족하다. 5가구는 남편이 도망치거나 알코올 의존증 환자거나 범죄자가 돼 최저 생계 가구로 전락했다.

이제는 공무원도 실업 급여를 받든 받지 못하든 간에 이 급여에 의지해 생계를 유지할 수는 없다고 솔직하게 인정한다. 고양이나 개가 사라져도 이제 주인은 굳이 실종 신고를 하지 않는다. 틀림없이 누군가 잡아먹은 줄 알고 구태여 범인을 찾으려 하지 않기 때문이다. 무허가로 물고기를 잡는 어업법 위반이나 철도에 쌓인 석탄을 슬쩍하는 사소한 절도 등은 당국이 눈감아 준다. 한 여성은 우리한테 이렇게 말했다. "가끔 조차장에 가서 석탄을 한 봉지 훔쳐 와요. 한번은 그러다가 잡혔는데, 벌금으로 겨우 1실링을 매기더라고요. 경찰이 너그럽게 봐주고, 철도

---

2 오스트리아 형법에서는 비방은 물론 심지어 욕설도 형사 범죄로 규정한다 — 영어판.

청 사람들도 나를 알게 됐어요. 다들 어쨌든 우리가 얼마나 불쌍한 신세인지 알죠. 그래도 신고당하지 않게 조심해야 해요."

농민들은 밭에서 양배추나 감자가 없어져도 조치를 취하는 일이 드물다. 한 젊은 농민은 우리에게 이렇게 말했다. "뭐 어쩌겠어요? 불쌍한 사람들은 정말 절박하거든요."

최저 생계 가구들만 생계를 의지할 대상이 필요한 상황은 아니다. 합법적인 기회는 제한돼 있고, 수확량은 얼마 되지 않는다. 주말농장, 토끼 사육, 그리고 최후의 수단으로 복지 담당관을 만나서 운 좋으면 몇 시간 잡일이나마 할 수 있는 허가를 받는다. 그렇지만 어쩌다 한번 마리엔탈 사람 중에 의외로 자원이 있는 이가 나타난다. 이를테면 그 지역에 사는 동식물을 낱낱이 알고 새소리를 전부 흉내낼 줄 아는 어떤 남성은 분명히 영업 허가증이 없는데도 '소형 가축' 임시 거래업자로 자리를 잡았다. 다른 많은 일들에도 전문가여서 다들 그 사람이 주는 도움을 환영한다. 그렇지만 수입원이 될 수 있는 모든 일에 관련된 본능적 감각을 갖춘 이런 유형의 기술은 흔하지 않다. 다른 이들은 법이 허용하는 한에서 어떤 일이든 닥치는 대로 해야 한다.

지방 당국과 공장이 공동으로 소유하는 공유지가 조금 있는데, 이 땅을 대략 70제곱야드[3]씩 분할해 1년에 1실링이라는 명목상 임대료만 받고 경작과 토끼 사육 용도로 빌려준다. 올해에는 토지 임대 분양 신청이 모두 승인됐다. 현재 전체 478가구 중에서 392가구가 주말농장 한 구획을 보유하고 있고, 94가구는 2

구획 이상을 보유한다. 나중에 살펴볼 텐데, 이 땅은 농산물 재배 용도만으로 쓰는 곳이 아니지만 꽤 많은 채소를 수확한다. 여름철에는 신선한 채소와 상추를 기르고, 겨울에는 양파와 마늘, 그리고 한동안은 감자도 심었다.

전형적인 주말농장 땅은 가로2에 세로 6미터인 밭 다섯 개 정도로 구성돼 있다. 밭 하나에는 꽃을 심고, 다음 밭에는 마늘과 양파, 그 옆 밭에는 딸기, 그다음 밭에는 콜리플라워나 순무, 마지막 밭에는 상추를 심는다.

마리엔탈에는 토끼사육자협회에 가입한 토끼 사육자가 30명 정도 있고, 개인적으로 토끼를 기르는 사람도 150명 정도가 된다. 사료 공급량에 따라서 토끼(주로 가정 소비용) 숫자는 계절별로 변동한다. 사료가 부족한 겨울철에는 대체로 토끼 숫자가 조금 감소한다.

지자체 재정이 주민들 주머니처럼 텅 비어 있어서 복지 지원은 거의 중단됐다. 그렇다고는 해도 1930년에 모든 가구가 크리스마스 식품 꾸러미를 받았다. 밀가루 3킬로그램, 마가린 500그램, 설탕 500그램이 들어 있었다. 5인 가구는 꾸러미를 두 개 받고, 7인 가구는 세 개 받았다. 동계 지원 캠페인 덕분에 상황이 어느 정도 나아졌고, 다양한 정당의 복지위원회와 아동 돌봄 조직들도 성원들을 지원했다. 1930년 이전에 공장은 크리스마스

---

3 약 59제곱미터 — 옮긴이.

때마다 각 가정에 무료 석탄 50킬로그램을 제공하고 작은 선물 꾸러미를 나눠줬다. 1931년 부활절과 오순절에는 지역 당국이 아직 지원을 감당할 수 있었다. 1931년 크리스마스에 공장은 12월 월세를 면제했고, 필요에 따라 5실링, 10실링, 20실링짜리 식품 바우처를 제공했다. 때때로 공장은 땔감도 지급한다. 협동조합협회에서 나오는 배당금도 연말에 지급될 예정이다. 따라서 이런 다양하고 자그마한 혜택 덕분에 크리스마스 무렵이면 상황이 점차 나아진다.

불론 유일한 실질적 해법은 일터 복귀다. 지역 어디서든 제대로 된 공장 일자리가 생기자마자 사람이 충원된다. 터무니없이 임금이 낮은데도 마리엔탈 노동자들은 종종 몇 시간이고 걸어서 지역에 있는 공장으로 일하러 가고, 먹거리를 받는 대가로 지역 농가에서 닥치는 대로 일을 한다. 이런 잡일은 보통 실업 급여 수급 자격이 만료되거나 애당초 자격이 없는 사람들에게 주어지는 듯하다. 공정성에 관한 의식 때문이기도 하고, 또한 실업 급여보다 많지 않은 소득은 별로 인기가 없기 때문이기도 하다. 당연한 얘기이지만, 실업 급여에 관련된 질문에 정확한 답을 얻어내기란 쉬운 일이 아니었다. 그렇지만 한 가지는 확실하다. 추가 소득을 올릴 수 있는 기회가 생기기만 하면, 아무리 보잘것없는 일이라도 사람들은 우르르 달려든다.

4장

식단과 가계비

앞 장에서 우리는 학생들이 먹는 점심 도시락에 관련된 몇 가지 수치를 제시했다. 이제 가계비에서 식품을 비롯한 항목들에 관해 더 많은 데이터를 추가하려 한다. 데이터의 출처는 세 가지다. 41가구가 일주일 동안 기록한 식사 일지, 의료 상담 시간에 진행한 면담(여기서도 식사 일지를 어느 정도 확인했다), 몇몇 가구가 작성한 가계부다.

식사 일지에 담긴 287일(7×41)을 일일 식사 회수에 따라 정렬하면 다음 **표 1** 같은 분포가 나타난다.

보통은 아침, 점심, 저녁 해서 하루에 세 끼를 먹는다. 두 끼 식사로 충분한 날은 100일 중에 2일뿐이다. 4일에 한 번은 기본적인 세 끼 식사에 오후 중반에 먹는 '야우제^{Jause}'[1]가 추가된다. 41가구가 고기를 먹는 날은 **표 2**를 보면 된다.

---

[1] 오스트리아 사람들이 오후에 즐기는 티타임. 커피에 과자를 곁들여 먹는다 ─ 옮긴이.

표 1 일일 식사 회수(백분율)

2회	2%
3회	73%
4회	25%
전체 날짜	287일

표 2 일주일에 고기 먹는 날 회수(가구 백분율)

0회	15%
1회	54%
2회	19%
3회	5%
4회	7%
전체 가구	41가구

표 3 저녁 식사 종류와 회수(백분율)

커피(보통 블랙)와 빵	132회	45%
점심에 먹고 남은 음식	114회	40%
새로 만든 음식	41회	15%
시간 기록표에 따른 식사 회수		(7×41=287)

한 주에 한 번 고기 먹는 가구(54퍼센트)는 모두 일요일에 먹었다. 한 번 넘게 먹은 가구도 일요일에는 꼭 고기를 먹었다. 일주일 동안 이 41가구가 한 식사 중 56끼에 고기가 포함됐다. 말고기 34회, 토끼 스튜 18회, 쇠고기 2회, 민스미트[2] 1회, 돼지고기 1회였다. 한 실업자 남성은 고양이 고기도 먹었다고 말했다.

고양이들이 계속 없어집니다. 며칠 전에도 H씨가 기르는 고양이가 없어졌어요. 고양이 고기는 아주 맛있습니다. 개도 잡아먹어요. 그런데 이런 일은 실업 사태 이전부터 시작된 겁니다. 가령 J. T.씨네 집에서는 개를 구워먹은 적이 있습니다. 며칠 전에 농부 하나가 어떤 남자한테 개를 줬는데, 고통 없이 죽인다는 단서를 붙였습니다. 남자는 피 받을 그릇을 구하려고 사방을 돌아다녀서 결국 하나를 빌렸죠. 그런데 그 대가로 고기 한 조각을 주겠다고 약속해야 했어요. A씨네 그릇이었습니다.

정육점 조수는 이렇게 말했다.

공장이 돌아갈 때만 해도 한 주에 돼지 열두 마리, 소 여섯 마리쯤 잡았습니다. 지금은 돼지 여덟 마리에 소 한 마리로 줄었죠. 이것도 마리엔탈 사람들이 아니라 이웃 사는 사람들이 사 가요. 전에는 우리 손님이 아니었죠. 여기 사람들은 쇠고기나 돼지고기 대신 이제 말고기를 먹어요. 전에는 말고기 정육점이 하나였는데, 작년에 하나 더 생겼습니다. 실업 사태 초기에는 두 군데가 다 잘됐는데, 몇 달 지나자 정육점 두 개는 많다는 결론이 났죠. 나중에 문을 연 정육점이 살아남았습니다. 다른 곳은 문을 닫아야 했어요.

---

2 다진 고기에 말린 과일이나 양념을 섞은 음식 ─ 옮긴이.

표 4 두 가구의 식사 기록표

	81번 가구[3]	167번 가구
	최저 생계 가구. 하루에 단위 소비자당 0.57실링	평균 생계 가구. 하루에 단위 소비자당 0.98실링
월요일	• 아침: 커피, 빵 • 점심: 완두콩수프, 그리스슈마른[4] • 야우제: ─ • 저녁: 커피, 돼지기름 바른 빵	• 아침: 코코아, 둥근 빵 • 점심: 렌틸콩, 고기 경단 • 야우제: 커피, 돼지기름 바른 빵 • 저녁: 렌틸콩, 고기 경단
화요일	• 아침: 커피, 빵 • 점심: 양배추, 감자 • 야우제: ─ • 저녁: 양배추	• 아침: 커피, 빵 • 점심: 고형 맑은 수프, 크라우트플레커른[5] • 야우제: ─ • 저녁: 커피
수요일	• 아침: 커피, 빵 • 점심: 감자수프, 크라우트플레커른 • 야우제: ─ • 저녁: 커피, 빵	• 아침: 커피, 빵 • 점심: 수프, 양배추, 감자 • 야우제: ─ • 저녁: 커피, 빵
목요일	• 아침: 커피, 빵 • 점심: 감자 굴라시[6] • 야우제: ─ • 저녁: 감자 굴라시	• 아침: 코코아, 빵 • 점심: 수프, 양배추, 감자 • 야우제: 돼지기름 바른 빵 • 저녁: 커피, 버터 바른 빵
금요일	• 아침: 커피, 빵 • 점심: 수프, 감자국수 • 야우제: ─ • 저녁: 커피, 빵	• 아침: 커피, 빵 • 점심: 수프, 슁켄플레커른[7] • 야우제: ─ • 저녁: 커피, 빵, 말고기 소시지
토요일	• 아침: 커피, 빵 • 점심: 감자수프, 콩 • 야우제: ─ • 저녁: 커피, 빵	• 아침: 코코아, 둥근 빵 • 점심: 말고기 굴라시, 빵 • 야우제: 돼지기름 바른 빵 • 저녁: 말고기 굴라시, 감자
일요일	• 아침: 커피, 흰 빵 • 점심: 수프, 설탕국수 • 야우제: ─ • 저녁: 커피, 흰 빵	• 아침: 차, 둥근 빵 • 점심: 쇠간 경단을 넣은 쇠고기 맑은 수프, 미트로프, 상추 • 야우제: 차 • 저녁: 미트로프, 상추, 커피

저녁 식사를 살펴보자(표 3).

85퍼센트가 점심에 먹고 남은 음식이나 아침마다 마시는 커피와 빵을 먹었다.[8] 어린이들은 커피에 우유를 타서 마시거나 물을 탄 코코아를 먹었다. 몇몇 가구는 2년 동안 집에 설탕이 없다고 말했다. 돈 아끼려고 사카린만 썼는데, 설탕 맛은 나도 영양가는 하나도 없다. 어떤 때는 사카린과 설탕을 번갈아 썼다. 보통 실업 급여를 받고 2주째가 되면 설탕 대신 사카린을 썼다.

표 4는 두 가구의 식사 기록표다.

우리는 예산이 빠듯한 탓에 몇 가구의 자세한 가계 통계를 관찰하는 데 그쳤지만, 전체적인 그림을 그리기 위해 여기 2주일에 걸쳐 평균적인 가구의 가계부에서 뽑아낸 내용을 제시한다. 이 2주일이 시작되는 시점에는 실업 급여가 지급되기 직전이라 식재료가 바닥난 상태였고, 2주가 끝날 때에는 돼지기름 약간, 소금 220그램, 석탄 1킬로그램 정도 빼고는 다시 찬장이 텅

---

3 이 가구의 어머니는 세 아이를 데리고 진료를 받으러 와서 의사에게 아이들이 제대로 먹지 않는다고 이야기했다. 그나마 있는 대로 차려주는데도 아이들이 대개 손도 안 대고 남긴다고 불만을 털어놓았다. 의사는 이 문제가 비타민이 부족한 음식에 연관이 있다고 생각했다.

4 Griesschmarrn. 살짝 구워 잘게 찢고 건포도를 곁들인 팬케이크 — 영어판.

5 Krautfleckerln. 양배추 절임을 곁들인 볶음국수 — 영어판.

6 파프리카 소스 감자 국물 요리 — 영어판.

7 Schinkenfleckerln. 깍뚝 썬 햄을 넣고 오븐에 구운 국수. 여기서는 말고기를 넣는다 — 영어판.

8 오스트리아 경제심리학연구센터(22쪽 앞 참조)는 얼마 전 저소득 계급의 식습관에서 커피가 하는 구실에 관한 조사를 마무리했다. 커피는 이중적 기능을 수행한다는 사실이 밝혀졌다. 음식일 뿐만 아니라 사치품이기도 한데, 이런 이유로 특히 최하층 계급의 식단에서 중요한 자리를 차지한다(진짜 100퍼센트 '커피'를 마시는 사례는 드물었다. 관세가 높아 커피 값이 무척 비쌌다. '무화과 커피'(볶은 무화과), 치커리, 그리고 특히 어린이는 맥아 커피(볶은 맥아) 등을 커피 '대용품'으로 마셨다 — 영어판).

표 5 평균적인 가구의 식료품 구입 목록

밀가루 5.5킬로그램	3.58실링
쌀 1.25킬로그램	0.80실링
빵 12개	8.00실링
둥근 빵 20개	1.40실링
우유 28리터	10.64실링
돼지기름 3킬로그램	7.20실링
식용유 50그램	0.18실링
쇠고기 300그램과 사골	0.95실링
사골 1개	0.30실링
굵은 설탕 1.5킬로그램	1.78실링
사카린 1봉지	0.30실링
계란 6개	0.72실링
채소(양배추, 푸른 채소, 시금치) 2킬로그램	1.56실링
감자 8킬로그램	1.44실링
콩과 렌틸콩 2.5킬로그램	0.74실링
소금 1킬로그램	0.07실링
식초 1리터	0.30실링
후추	0.10실링
맥아 커피 0.5킬로그램	0.48실링
무화과 커피 0.25킬로그램	0.48실링
코코아	0.20실링
담배 45개	0.45실링
양잿물과 비누	1.70실링
석탄 50킬로그램	4.00실링
2주 치 식비 합계	49.00실링

비었다. 따라서 2주에 걸친 구매와 소비는 거의 차이가 없었다. 빠듯한 생존 수준에 맞춘 가계비 가지고는 변화의 여지가 거의 없기 때문에 이 수치가 2주간 한 가구에서 뽑아낸 결과일 뿐이어도 의미가 매우 깊다(96쪽을 보라). 이 수치는 7인 가구에서 뽑

아낸 결과다(성인 2명과 14세 이하 자녀 5명. 단위 소비자는 4.8명). 이 가족은 2주일 동안 실업 급여로 49실링을 받아서 단위 소비자당 하루에 0.73실링(곧 어린이 한 명당 0.44실링)에 해당하는데, 이 정도면 최저 생계 가구보다는 높은 수준이다.

먼저 49실링 중 6실링을 빼고 전부, 곧 전체 예산의 88퍼센트가 식비로 들어간 데 주목하자. 둘째, 당연히 탄수화물 비율이 높다. 밀가루 5.5킬로그램에다가 쌀, 빵, 둥근 빵까지 더해진다. 반면 채소는 거의 먹지 않는데, 계절상 값이 비싸기 때문이다. 5월 14일에서 5월 27일 사이에 조사가 진행됐다. 쇠고기 약간과 사골을 산 날은 첫째 일요일이었으며, 수프 재료로 쓰려고 고기 없이 사골만 산 날은 둘째 일요일이었다. 분명 제대로 된 고기를 살 돈이 남아 있지 않은 듯했다. 날마다 2리터씩 비싼 우유를 산 점도 눈에 띈다. 주로 아이들을 먹이려 산 듯했다. 이 집을 들를 때마다 우리는 기본적인 편의 시설도 없이 사는 부모가 아이들 복지에는 특별히 관심을 기울인다는 사실을 자주 목격했다.

협동조합 상점의 판매 기록을 보면 우리가 관찰한 소비 패턴의 변화가 확인된다. 밀가루 판매는 1928년에서 1930년 사이에 12퍼센트 증가했는데, 다른 식재료를 상대적으로 싼 밀가루로 대신하는 일이 많아진 때문이었다. 밀가루보다 싼 호밀가루를 사는 변화도 보였다. 버터와 마가린의 판매 수치를 보면 1928년 소비 수준을 100으로 놓을 때 지수상의 변화가 눈에 띈다.

값비싼 커피와 비교적 싼 코코아의 소비 지수에서 반비례 움

표 6 버터와 마가린의 소비 지수

	버터	마가린
1928년	100	100
1929년	69	160
1930년	38	192

표 7 커피와 코코아의 소비 지수

	커피	코코아
1928년	100	100
1929년	75	118
1930년	63	141

직임도 비슷하게 나타났다. 초콜릿 소비는 57퍼센트 감소했다. 그라마트노이지들에 있는 제과점 주인도 비슷한 이야기를 들려줬다. 정리해고가 시작된 이래 판매량이 75퍼센트 줄었는데, 일요일 판매고는 30~40실링에서 16~17실링으로 떨어졌다. 예전에는 주말에 케이크를 16~17개 만들었는데, 지금은 2개면 충분하다. 비싼 초콜릿 제품은 이제 아예 팔리지 않고 10그로셴짜리 작은 초콜릿만 나간다.[9] 다른 초콜릿과 사탕 종류는 모두 판매가 줄었는데, 낱개 초콜릿[10] 소비는 한 달에 5킬로그램에서 15킬로그램으로 늘었다. 값싼 낱개 초콜릿도 실업 급여가 지급된 다음날에 판매가 크게 늘어난다. 제과점 주인은 많은 젊은이가 술 대신에 초콜릿과 바나나 맛 막대사탕을 산다고 생각한다.

평균적으로 통상 임금의 4분의 1에 그치는 소득을 관리하려면 꼼꼼하게 계획하고 복잡하게 계산을 해야 한다. 몇 가지 사례가 이런 사실을 잘 보여준다.

P. R. 부인은 2주마다 모두 55실링을 실업 급여로 받는다. 5실링은 담배와 가끔 사는 고기 몫으로 챙겨둔다. 7.5실링은 우유에, 나머지는 다른 식품을 사는 데 쓴다. 구두는 남편이 고친다. 크리스마스에는 아들한테 1.5실링짜리 칼라(옷깃)를 사주고, 3실링으로 크리스마스트리를 샀다. 할머니가 아이들에게 양말과 장갑을 사줬다. 협동조합에 진 빚은 30실링이나 됐는데, 조합에서 나온 연말 배당금으로 갚을 수 있었다.

M. L. 부인은 항상 살림을 꼼꼼하게 계획하면서 하나부터 열까지 남편과 머리를 모은다. 2주 동안 부부는 협동조합에서 35실링을 지출했는데, 여기에는 석탄도 포함된다. 부인은 빚을 지는 법이 없다. 구두 수선 같은 일이 생기면 비용을 미리 계산해서 식비를 줄인다. 남편이 협조하기 때문에 계획 세우기가 비교적 쉽다. "남자들이 원래 이런 일은 잘하거든요."

9 1그로셴은 100분의 1실링이다 — 영어판.
10 포장 없는 조각 초콜릿으로 가장 값이 싸다 — 영어판.

N. Z. 부인은 세 살, 여섯 살, 여덟 살짜리 자녀를 두고 있다. 남편은 철거가 시작되는 순간까지 공장에서 일했다. 부인은 1927년까지 일을 한 탓에 실업 급여 수급 자격이 이미 끝났다. 부인은 1주에 22실링으로 살림을 꾸리기가 만만치 않다. 우유와 빵은 2주마다 지불하고, 다른 물건은 전부 그 자리에서 돈을 낸다. 이렇게 해서 쓸 돈이 얼마나 남았는지 안다. 갚을 능력이 안 되기 때문에 무엇이든 외상으로 사지는 않는다. 식료품에 쓰는 돈은 2주마다 24실링이고, 추가로 석탄이 6실링, 우유가 6실링이다. 빵은 직접 굽는다. 남은 푼돈은 구두 수선비로 남겨둬야 한다.

여성들이 뚝딱 정확하게 생활비를 계산하는 모습을 보면, 가족이 살아남기 위해서 모든 일을 꼼꼼히 따져보고 비상금도 없이 빠듯하게 살림을 꾸린다는 사실을 알 수 있다. 이런 상황에서는 사회적 의무나 가장 단순한 문화적 욕구를 충족시키는 삶도 당연히 그림의 떡이 되고 만다.

R 부인은 실업 급여 39실링으로 식료품과 석탄을 사면 남는 돈이 없다고 우리에게 말했다. 구두를 수선할 여유가 없어서 신문을 끊어야 했다. 실업 급여 수급 기간이 끝나 아무 지원도 받지 못하는 남동생까지 돌봐야 한다. "어떻게든 되겠죠." 여동생 한 명은 결혼해서 유고슬라비아에 산다. R 부인은 여동생에게 도와달라고 편지를 썼는데, 아직 한 푼도 받지 못했다.

N 부인도 사정이 비슷했다. 부인은 아이가 많아서 일을 할 수 없었다. 남편 월급이 워낙 적어서 지금까지 소득에 큰 변화가 없었다. 그렇지만 이제 아이들이 자라기 때문에 돈 씀씀이에 훨씬 주의를 기울여야 한다. 요즘은 가끔 실업 급여가 나오기 전날에는 아이들이 밥도 굶어서 친정아버지한테 가서 빵을 얻어오는 일도 있다.

옷가지와 가구가 낡으면서 어려움이 커진다. 한 실업자는 이렇게 말했다.

처음에 우리는 항상 이 사태가 그렇게 오래가지 않으리라고 생각했고, 어쨌든 예전부터 쓰는 물건이 있어서 일자리를 잃은 현실이 그렇게 눈에 들어오지 않았습니다. 그런데 지금은 옷이 다 해진 채인데도 새 옷 살 돈이 없어요.

신발을 사거나 얻어 신으면서 해지지 않게 잘 간수하는 일이 특히 어렵다.

아이 셋을 둔 부인은 우유나 빵을 빼고 뭐든 그 자리에서 돈을 낼 수 있게 생활비를 잘 나눠둔다고 말했다. 부인은 2주마다 우유 사는 데 10실링을 쓰고, 식료품과 석탄에 40실링쯤 쓴다. 남은 몇 푼으로 자잘한 생필품을 사면 굵직한 물건을 살 돈이 하나도 없다. 일곱 살짜리 아들은 신발이 없어서 8일 동안 학교에 가지 못했다.

표 8 14세 이하 어린이의 외관 상태 평가(백분율)

좋음	16
보통	51
나쁨	33
전체	100[11]

교사가 한 말을 들어보자.

열두 살짜리 학생 하나는 신발이 한 켤레밖에 없습니다. 아니 정확히 말하자면 가죽쪼가리 몇 개를 얼기설기 엮어서 발에 걸치고 다니죠. 비나 눈이 오면 집에서 나오지를 못합니다. 학교에 가지 않는 날에는 아버지가 집 밖에 나가지 못하게 한답니다. 길에서 뛰어놀다가 그나마 남아 있는 신발 쪼가리가 닳을까봐서요.

학부모 상담 시간에도 같은 질문이 나온다. "어떻게 하면 사내애들이 축구를 못하게 할까요? 옷이고 신발이고 수선도 못하게 망가지거든요."

건강이라도 나빠지는 날에는 도저히 헤어날 길 없는 생활고에 빠진다.

S 부인은 아이가 참 걱정거리라고 우리에게 말한다. 아이는 척추 질환을 앓고 있어서 척추 지지대를 해야 한다. 음식도 넉넉히 먹여

야 하는데, 그럴 여력이 없다. 처음에 부인은 아이가 앓는 병 때문에 큰 빚을 졌다. 그전에는 일주일에 한 번씩 빈으로 데려가 치료를 해야 했는데, 생활비가 여유가 없어서 차비를 빌려야 했다. 지난 2주 동안 부인은 아이 때문에 지원금 5실링을 받았다. 이제 한 달에 한 번만 빈에 가면 되는데, 지원위원회에서 교통비가 나온다.

우리의 의료 체계는 사회복지 전반하고 마찬가지로 자체 목적에 기여하는 일 말고도 필요한 데이터를 수집하기 위한 준비의 일부다. 우리가 마리엔탈 주민들의 건강 상태에 관해 얻은 통찰은 다음같이 요약할 수 있다.

의사가 작성한 보고서에 따르면, 마리엔탈은 농촌에 자리하고 있지만 주민들 건강 상태가 특별히 좋지 않다.

방적 공장이나 방직 공장에서 일하는 생활은 건강에 좋지 않다. 섬유 먼지가 기도에 영향을 미치고 귀를 찢는 기계 소음은 신경을 긁는다. 이런 공장에서 일하는 사람은 항상 폐결핵이라는 위협에 노출된다. 의사는 예전에는 마리엔탈 노동자의 90퍼센트가 잠재적 환자였지만 상황이 개선돼 사람들이 건강해졌다고 말했다. 폐에 영향을 미치는 공장 노동과 신체적 중노동을 하지 않고 야외에서 보내는 시간이 많아지면서 유익한 효과가 나타나고 있다. 특히 실직 초기에 이런 현상이 두드러졌다. 확

---

11 1932년판 본문에서는 이 표를 포함한 몇 개의 표에서 사례 숫자가 기록되지 않았다 — 영어판.

실히 이런 현상은 전에 일을 하던 성인들에게만 적용된다. 따라서 어린이와 청소년들은 이런 상쇄 효과가 나타나지 않는다. 게다가 아이들은 다른 모든 이들처럼 식사 변화와 위생 기준 저하 때문에 악영향을 받는다.

한 사례에서 신체적 저항력의 감소가 특히 뚜렷해지면서 열띤 토론의 주제가 됐다. 마리엔탈 레슬링 선수들은 원래 승리에 익숙했는데, 얼마 전에는 이웃 도시에서 열린 지구별 선수권 대회에 팀을 제대로 짜서 내보내지 못했다. 대회에 나갈 만한 헤비급 선수가 없었고, 미들급에서도 다른 도시의 선수들에 견줘 전반적인 신체 상태가 한결 뒤처졌다.

우리가 모은 주요한 건강 데이터는 두 차례 진행된 어린이 건강 검진에서 나온 자료다. 상담 시간에 우리 의료진이 모은 사례도 있고, 한 정당이 벌인 구호 사업에 연계해 모은 적도 있다. 전반적인 겉모습을 분류하면 건강 상태를 알려주는 실마리가 나온다. 14세 이하 어린이의 외관 상태는 그다지 좋지 않다.

마리엔탈의 실제 상태는 아마 이 수치들이 가리키는 정도보다 더 나쁠 듯했다. 찢어지게 가난한 이들은 구태여 검진을 받으러 오지도 않기 때문이었다. 치과 의사가 한 검진에 따르면, 전체 어린이의 8퍼센트만이 치아 상태가 좋고, 63퍼센트는 충치가 1~3개 있으며, 29퍼센트는 충치가 3개 이상이었다.[12]

---

12 이렇게 드러난 건강 상태와 부모의 실업이 맺는 관계는 9장에서 다룬다.

5장

피곤한 공동체

지금까지 우리는 마리엔탈의 경제사와 현재의 경제 상황을 스케치했다. 이제 마리엔탈 사람들의 생활을 좀더 자세히 들여다볼 때다. 무엇보다도 느리고 단조로운 인상이다. 나중에 조금씩 달라지기는 해도 끝없이 마주친 모습은 처음에 이미 단조롭고 고요한 광경으로 목격한 장면들이다. 여기 사는 사람들은 예전에 삶에서 필수라고 생각하던 정도보다 적게 가지고 적게 일하며, 기대하는 수준도 낮다.

마리엔탈이 실업 사태 때문에 어느 정도 바뀐지 평가하려면 우리는 평상시 분위기와 생활 상태를 알아내야 했다. 사람들은 공장에서 열심히 일하던 시절에 마리엔탈이 어땠는지 기꺼이 나서서 설명했다.

P 부인 음, 전에는 마리엔탈이 참 좋은 곳이었어요. 공장에 일하러 가는 것만으로도 기분이 전환됐죠. 여름철에는 산책을 다니고

춤도 참 많이 췄답니다! 그런데 지금은 아예 집 밖을 나가고 싶은 생각이 들지 않아요.

L 부인 남편을 만난 곳은 브루크였는데, 그때 그이는 군복무 중이었어요. 우리 축구팀을 따라갔죠. 그 시절에는 축구팀이 원정 경기를 가면 마리엔탈 사람들이 죄다 같이 갔답니다.

S 부인 예전에는 아이들이 갖고 싶어하는 건 예쁜 옷이든 장난감이든 다 사줬죠. 크리스마스 전에는 늘 빈으로 쇼핑하러 갔어요.

E 씨 아내하고 자주 춤을 추러 갔습니다. 그때 마리엔탈 사람들은 삶을 즐겼어요. 지금은 여기 전체가 죽은 듯이 조용하죠.

예전에는 마리엔탈이 빈하고 긴밀하게 연결돼 있었다. 번듯한 마리엔탈 사람이라면 누구나 최소한 일주일에 한 번은 부부 동반으로 빈에 가서 극장이나 다른 곳을 찾았다. 특히 크리스마스를 앞둔 철에는 사람들이 빈에 가서 쇼핑을 했고, 아이들도 빈에 있는 학교로 많이 보냈다. 마리엔탈 자체가 활력이 넘쳤다. 특히 축제 철에 열리는 박람회와 무도회는 주변 지역에서 유명세를 떨쳤다. 사람들이 제대로 즐기면서 사는 곳이라고 명성이 자자했다. 마리엔탈은 이웃 도시들 사이에서 유행의 중심지이기도 했다.

정치 조직도 무척 활발히 활동했다. 사람들은 책이나 신문도 많이 읽고, 열띤 토론을 벌였으며, 다양한 행사를 조직하는 생활을 즐겼다. 이런 활발한 공동체의 중심인 공장은 단순히 일하는 장소가 아니라 사교 생활의 중심지였다.

L 씨 마리엔탈에 돌아왔을 때 구두 수선 일을 계속하고 싶은 마음이 없었어요. 공장에서 일하고 싶었거든요. 공장 생활이 더 좋았습니다. 구두 수선 일은 허구한 날 두세 명이 하루 종일 붙어 앉아 있는데, 공장은 아주 다르죠. 의욕을 자극하는 일도 아주 많고, 일이 끝나면 자유 시간에 신나게 놀 수 있으니까요.

W 부인 공장에서는 일이 더 고됐지만, 그렇게 사는 게 좋았답니다. 일이 즐겁고 한자리에만 붙어 있지 않았거든요.

이제는 모두 사라지고 없다. 공장에는 정적뿐이다. 텅 빈 공장 마당 저편에서 이따금 담장의 낡은 벽돌을 허무는 망치 소리가 들린다. 공장에 마지막으로 남은 일거리다.

공장 맞은편에는 전에 공장주가 소유하던 넓은 공원이 있다. 마리엔탈 사람들은 한때 공원을 무척 자랑스럽게 여겼다. 일요일이면 깔끔하게 가지치기한 관목들로 꾸며놓은 차도를 따라 늘어선 벤치에 앉아 쉬거나 잘 다듬어진 오솔길을 걸었다. 지금 공원은 그야말로 황무지다. 오솔길에는 잡초가 무성하고 잔디밭은 엉망진창이다. 마리엔탈 사람들은 거의 전부가 시간이 남아돌지만 아무도 공원을 돌보지 않는다.

마리엔탈 노동자들이 아이들을 위해 세운 몬테소리 유치원은 교사 급여를 감당할 수 없어 문을 닫아야 했다. 장난감과 놀이

도구는 잘 포장해서 트렁크에 넣어 노동자회관에 보관돼 있다.

처음에 마리엔탈 사람들은 이 모든 사태가 오래지 않아 끝나리라고 기대했다. 얼마 전까지 체코의 어느 기업가가 방적기를 다시 가동하는 데 관심을 보인다는 소문이 계속 돌았다. 그렇지만 이제 그 소문을 믿는 사람은 거의 없다. 아무도 변화를 기대하지 않는다.

이런 전반적인 쇠퇴가 실업자들의 다양한 문화 활동에 미치는 영향은 우리가 마리엔탈의 문화 기관에서 일하는 관리들을 만나 나눈 대화에서 분명히 드러난다. 이를테면 연극 클럽 관리자는 이렇게 말했다.

그때하고 지금하고 가장 큰 차이는 이제 배우들이 그때처럼 열정이 없다는 겁니다. 이제는 떠맡기다시피 연기를 강요해야 해요. 워낙 가난하다 보니까 연기를 향한 열정이 시든 거죠. 지금은 다들 연극에 쏟아부을 시간이 훨씬 많은데, 관심을 잃었어요. 연극 클럽이 문 닫을 일은 없겠지만, 사람들을 움직이게 하려면 각고의 노력을 기울여야 합니다.

마리엔탈 노동자 도서관 이용 기록도 독서 활동이 줄어든 상황을 보여준다. 예전하고 다르게 대출 수수료가 폐지된 대출 건수는 1929년에서 1931년 사이에 49퍼센트 감소했다. 독자 수가 준 탓이 크지만, 계속 도서관을 이용하는 몇몇 사람도 전보다

표 1 1인당 도서 대출 건수

1929년	3.23권
1930년	2.30권
1931년	1.60권

책을 훨씬 덜 읽는다.

도서 대출이 줄어든 이유는 도서관에 책이 부족한 때문이 아니라 관심이 떨어진 탓이었다. 물론 도서관이 지닌 잠재력이라고 해봐야 이내 고갈되고 말 정도였다. 공장이 문 닫기 직전에 이웃 마을 도서관을 통째로 인수해서 장서가 늘어났지만, 그래도 대출 건수는 계속 줄어들었다.

흔히 실업자는 시간을 활용해서 더 교육을 받지 않는다고 여겨지지만, 문제가 그렇게 간단하지는 않다. 실업자를 둘러싼 상황을 놓고 그냥 시간만 남아돈다고 생각한다면, 독서를 향한 관심이 오히려 줄어드는 모습을 보고 놀라게 된다. 그렇지만 실업자의 심리적 상황을 한 가지 면만이 아니라 전체적으로 보면, 이런 수치는 우리가 기본적 상황에 관해 아는 내용을 확인해줄 뿐이다. 사람들도 스스로 이 점을 알고 있다.

S 씨 남는 시간은 대개 집에서 보냅니다. 실업자가 된 뒤로 좀처럼 뭘 안 읽어요. 이제 뭐든지 읽고 싶은 생각이 안 듭니다.

S 부인 전에는 책을 많이 읽었고, 도서관에 있는 책을 대부분 알

앉죠. 그런데 이제는 독서량이 줄었습니다. 웬일인지, 요즘은 다른 일이 많답니다!

이어지는 내용을 보면 문화생활이 줄어들면서 많은 기관이 얼마나 빠르게 변화를 겪었는지, 그리고 이런 변화가 실업자들의 사생활에 얼마나 깊숙이 파고드는지를 알 수 있다. 이런 변화가 가장 뚜렷하게 드러나는 영역은 정치다. 마리엔탈에서 손꼽히는 정치인이 한 발언은 사람들의 전반적인 태도를 반영한다.

전에는 《노동자신문》[1]을 기사 하나하나 빼놓지 않고 읽었는데, 지금은 시간이 남아도는데도 대충 훑어보고 던져버립니다.

《노동자신문》을 보는 구독자는 실제로 1927년에서 1930년 사이에 60퍼센트 감소했다. 흔히 짐작하듯이 단순한 경제적 기준으로 봐서는 안 된다. 《노동자신문》은 실업자에게는 한 부당 4그로셴이라는 특별 구독료를 적용한 때문이다. 감소한 요소는 정치를 향한 관심이었다. 정치 성향은 비슷하지만 정치보다는 연예를 비중 있게 다루는 《클라이네블라트Kleine Blatt》(작은 신문)는 구독자가 겨우 27퍼센트 줄었다. 구독료(1부당 10그로셴)도 더 비싼데도 말이다.

우리는 마리엔탈에서 활동하는 여러 단체의 회원 수를 통해서도 이런 관심의 감소가 특정한 형태로 나타난다는 사실을 확인할 수 있었다. 이 단체들은 대부분 철저하게 정치적인 성격을 띠며 각 정당에 밀접하게 연결돼 있다는 점을 유념해야 한다.

폭넓은 정치 조직을 거느리는 정당은 사회민주당뿐이다. 다른 당들은 다양한 문화 클럽이 구심점 구실을 한다. 이를테면 독일 민족주의에 푹 빠진 사람들은 독일 체육회Turnverein로 모이고, 나이든 남자들은 독일 합창단Gesangsverein을 중심으로 모여든다. 이 단체들도 모두 1927년에서 1931년 사이에 회원 수가 줄었다. 가입자 수를 보면 사회민주당은 33퍼센트, 체육회는 52퍼센트, 합창단은 62퍼센트 감소했다.

단체마다 실업자는 회비를 아주 작은 금액으로 할인하기 때문에 금전적 타격이 결정적인 요인은 아니었다. 나중에 살펴볼 테지만, 실제로 몇몇 단체는 회원이 계속 늘어난 만큼 이런 점이 더욱 분명해진다. 정치 단체는 하나같이 회원이 크게 줄었다. 감소율의 차이는 어느 정도 당 규율의 수준 차이를 반영한다. 사회민주당은 정치적 전통 때문에, 체육회는 군대하고 비슷한 구조 탓에 규율이 강했다. 합창단이 가장 먼저 타격을 받았다. 공장의 화이트칼라 직원들이 합창단을 이끈 주축이었는데, 공장이 문을 닫자마자 이 사람들이 마리엔탈을 떠난 때문이었다.

---

1 오스트리아 사회민주당의 주요 기관지로, 폭넓은 정치면과 전반적인 지적 수준 때문에 노동 계급 독자에게는 문턱이 조금 높다. 가톨릭 단체들은 인근 농촌에서 온 몇 사람이 모임에 늘 참여하는 탓에 정확한 수치를 확보하지는 못했지만, (한 간부에 따르면) 마리엔탈에서 모임에 나오는 사람은 비슷하게 줄어들었다고 했다.

정당이 자선 행사를 조직할 때면 이따금 사방에서 사람들이 혜택을 받으려고 모여든다. 몇 사람은 실제로 정치적으로 대립하는 두 단체에 동시에 회원으로 가입했다. 그렇지만 마리엔탈 안에서 사람들이 서로 밀접하게 접촉하기 때문에 이중 회원은 쉽게 들통이 났다.

특히 청년층에서는 아직 일을 하고 있는 이들이 여전히 정치에 활발히 참여한다. 청년사회주의노동자단 지부는 회원이 37명인데, 그중 7명만 실업 상태다. 간부 한 명은 실직을 하자 직책을 사임하고 정치 활동을 아예 포기했다.

사람들은 정치 활동이 감소한 현실을 피부로 느낀다. 모든 정당의 간부들은 실업 사태가 시작된 이래 주민들 사이에 정치적 반감이 크게 준 사실에 동의한다.

흥미롭게도 (1932년에) 독일에서 벌어지는 모든 상황에 정반대되는 이런 현상은 아마 마리엔탈 사람들이 유별나게 사정이 비슷해서 단합이 잘 되기 때문일 듯하다. 정치적 소속에 관계없이 다들 똑같은 운명에 놓여 있다. 그렇지만 오스트리아의 독특한 민족적 기질이 작용하는 상황일 수도 있다.

예전에는 정당 모임이 끝나고 정치 문제 때문에 주먹다짐이 벌어지는 일이 드물지 않았다. 그렇지만 1932년 지방 선거 때 선거 운동이 전국 각지에서 과열 양상을 보이는 동안 마리엔탈에서는 고작 포스터 몇 장만 훼손됐다. 이 일을 빼고는 선거 운동이 아주 조용하게 진행됐다. 얼마 전 창당한 민족사회주의당(나치당) 지부가 몸집을 키우는 등 새로운 정치적 상황 때문에 전통적인 정치적 차이가 중도로 수렴되는 이런 경향이 뒤집어질지는 섣불리 예측하기 어렵다.

경제 위기라는 고통을 겪지 않은 단체들에서 보이는 모습도 마찬가지로 교훈적이다. 사회주의 계열인 '어린이의 벗'은 1927년부터 1931년까지 회원 수가 겨우 25퍼센트 감소했다. 노동자 자전거 클럽은 끄떡도 없이 건재했는데, 다른 두 단체는 몸집을 크게 키우기도 했다. 가톨릭 단체인 '행복한 어린 시절^{Happy Childhood}', 그리고 사회민주당 성향을 딴 화장^{火葬} 협회로 이 시기에 회원 수가 19퍼센트 늘어난 '불꽃'이 그 주인공이다.

이 수치를 해석하기는 어렵지 않다. 노동자 자전거 클럽과 '행복한 어린 시절', '불꽃'은 액수는 많지 않아도 회원에게 직접적인 재정적 혜택을 제공한다. 자전거 클럽은 자전거 소유자들이 애지중지 아끼는 자전거에 필요한 보험료를 지원한다.[2] 이제 누구를 막론하고 기차 요금을 낼 여력이 없기 때문에 자전거는 아직 일자리를 찾을 수 있는 외부 세계에 자기를 이어주는 유일한 연결 고리다. '행복한 어린 시절'은 유치원을 운영하며, 화장 협회에 푼돈을 회비로 내면 가족이 세상을 떠난 때 이미 빠듯한 살림이 큰 타격을 입는 사태를 막을 수 있다.

전체적인 결론은 꽤 분명하다. 생활고가 심해지면서 각 단체

---

2 오스트리아 법률에서는 자동차 운전자뿐만 아니라 자전거 운전자도 책임 보험에 가입해야 한다.

표 2 역대 선거 결과

	투표율*	득표율		
		사회민주당	기독사회당	공산당 등
1929년 마을 의회	92	80	17	3
1930년 국회	94	80	17	3
1932년 지방 의회	92	79	15	6

* 오스트리아에서는 투표권이 있는 국민은 의무적으로 투표해야 했다(지금도 마찬가지다).

표 3 산업위원회 고발 건수

	고발 건수	사실로 밝혀짐	사실 무근으로 밝혀짐
1928~1929년	9	6	3
1930~1931년	28	7	21

의 회원 수는 신념이 아니라 경제적 이해관계에 달린 문제가 된다. 그렇다고 해서 충성심과 신념이 바뀌지는 않으며, 단지 생활이라는 압박에 쪼들리다 보면 어떤 신념도 사람을 움직이지 못하는 법이다. 정치 투쟁에 투입된 문화적 가치가 화석화되거나 더 원시적인 형태의 투쟁에 다시 길을 내주는 상황하고 똑같다. 선거 결과는 이런 정치 상황을 분명하게 드러낸다.

표 2를 보면 투표 양상이 전반적으로 변화가 없다는 점이 두드러진다. 근소하게 나타나는 변화는 이데올로기의 변화가 아니라 다수의 실직 노동자가 마리엔탈을 떠난 때문일 듯하다.

높은 문화 수준을 띤 정치적 대결이 줄어든 동시에 개인적 악감정에 따른 원초적 적대감이 높아졌다. 이런 변화는 거의 서류 기록처럼 정확하게 추적할 수 있다. 특히 실업 급여를 받으면서 임시 노동을 하는 사람들을 겨냥한 익명 고발을 사례로 들 수 있다. 이런 위반은 대개 장기간 동안 실업 급여를 지급하지 않는 처벌이 내려졌다. 대체로 이런 고발은 자기가 받는 실업 급여가 줄어든 데 반발하는 행위이거나 개인적인 복수였다. 여기 이런 고발 사례가 하나 있다.

N. N. 씨(정확한 주소)가 농사일을 하면서 동시에 실업 급여를 받고 있다는 사실을 산업위원회에 전달합니다. 그 사람은 닭과 토끼도 키우고 있으며, 부인도 실업 급여를 받고 있습니다. 다른 사람들은 부업으로 적은 수입이 생기면 즉시 실업 급여가 끊깁니다. 별로 받을 필요가 없는 사람들이 실업 급여를 챙기면, 다른 사람들은 굶주리게 됩니다.

지난 4년 동안 마리엔탈 주민들이 산업위원회에 이런 고발을 제기한 건수는 **표 3**을 보면 된다. 사실무근으로 밝혀진 고발 건수가 늘어난 반면, 사실로 밝혀진 건수는 거의 변화가 없다. 사회적 분쟁이 개인 차원까지 내려오고 있다는 의심을 품을 만하다. 전반적으로 적대 행위 건수가 변동이 있는지는 확인하기 어렵다. 이런 식의 수량화에 관련된 여러 난점은 제쳐두고라도 실업 사태가 벌어지기 전 상황을 보여주는 수치 자료가 없기 때문이다. 그렇다고 하더라도 이런 개인적 악의의 표출하고 나란히 우리는 많은 결정적 상황에서 커다란 유대와 기꺼이 도와주려는 마음을 발견했다. 35세의 한 실업자 남성은 이런 일기를 썼다.

> 오늘 옆집 사는 여자가 와서 아이들한테 수프 한 그릇을 줘도 되느냐고 물었다. 시절이 어려울 때 사람들은 착해진다.

또 다른 사례를 보면, 자기도 몇 주째 실직 상태인 사람들이 나서서 알코올 의존증에 걸린 어머니하고 함께 사는 아이 셋을 도와주다가 결국 국가 지원 기관에 넘기기도 했다.

우리보다 오랫동안 마리엔탈을 알고 있는 여러 공무원은 전반적으로 보면 공공 의식과 반사회적 행동 사이의 균형이 변함없이 유지되고 있다고 본다. 우리가 느낀 전반적인 인상도 마찬가지다. 생활이 결딴나기 직전에 언제나 나타나는 반사회적 충동은 점점 무기력에 빠진다고 해서 모습을 드러내지는 않는다. 흥분과 피로가 번갈아 사람을 짓누르는 와중에도 마리엔탈 사람들의 전반적인 유대 수준은 변함이 없는 듯하다. 7장에서 우리는 가정 안에서 나타나는 변화를 관찰하려 한다.

6장에서는 마리엔탈 사람들이 생활하는 모습을 대략적으로 살펴볼 수 있는 데이터를 제시했다. 이어지는 장들에서는 이 그림을 좀더 자세히 뜯어보려 한다.

길모퉁이에 있는 실업자들, 오스트리아 마리엔탈, 1931년 무렵. 사진 촬영자 미상(한스 차이젤이 찍은 듯하다 — 영어판). Marie Jahoda Papers 41/F-107, AGSÖ Graz.

공장 건물을 철거하는 건설 노동자, 오스트리아 마리엔탈, 1931년 무렵. 사진 촬영자 미상(한스 차이젤이 찍은 듯하다 ─ 영어판). Marie Jahoda Papers 41/F-103, AGSÖ Graz.

공장 내부, 오스트리아 마리엔탈, 1931년 무렵. 사진 촬영자 미상(한스 차이젤이 찍은 듯하다 — 영어판). Marie Jahoda Papers 41/F-105, AGSÖ Graz.

공장 건물, 오스트리아 마리엔탈, 1931년 무렵. 사진 촬영자 미상(한스 차이젤이 찍은 듯하다 — 영어판). Marie Jahoda Papers 41/F-106, AGSÖ Graz.

다리 난간에 기대 선 실업자들, 오스트리아 마리엔탈, 1931년 무렵. 사진 촬영자 미상(한스 차이젤이 찍은 듯하다 — 영어판). Marie Jahoda, Paul F. Lazarsfeld and Hans Zeisel, *Marienthal: The Sociography of an Unemployed Community*, Chicago: Aldine, Atherton 1971의 표지 사진으로 쓰임.

파울 라차르스펠트, 1929년. 사진 촬영자 미상. Marie Jahoda Papers 41/F-7, AGSÖ Graz.

공장 건물을 철거하는 건설 노동자, 오스트리아 마리엔탈, 1931년 무렵. 사진 촬영자 미상(한스 차이젤이 찍은 듯하다 ― 영어판). Marie Jahoda Papers 41/F-104, AGSÖ Graz.

마리 야호다, 1929년, 파리 뤽상부르 공원. 사진 촬영자 미상. Marie Jahoda, "Ich habe die Welt nicht verändert", Steffani Engler and Brigitte Hasenjürgen(eds.), *Lebenserinnerungen einer Pionierin der Sozialforschung*, Frankfurt: Campus, 1997에 실림.

빈곤에 맞선 대응

우리가 마리엔탈에서 진행한 조사는 100가구 정도를 직접 방문하는 일정으로 시작됐다. 우리가 제안한 의류 지원 사업에 관련해서 특별한 요구 사항에 관해 질문하는 자리가 기회가 됐다. 이 방문 중에 기록한 관찰과 면담을 통해 우리는 각 가정의 기본적인 상황을 많이 알 수 있었다. 가구 성원 중에서 누구든 옷가지를 받으러 오면 이제껏 살아온 역사를 들려달라고 했는데, 대개 흔쾌히 자기 생애사를 풀어놓았다. 그다음부터 다양한 상황에서 이 사람들을 관찰했다. 우리가 연 강좌나 정치 회합에서 만나 이야기를 나누면서 대화 내용을 빠짐없이 노트에 적었다. 이 노트와 식사 기록, 시간 기록표 등을 통해 얻은 특별한 정보를 토대로 각 가구가 놓인 상황을 자세하게 기술했다. 전형적인 두 가구를 골라 우리가 작성한 파일에서 일부 내용을 발췌하면 다음 같다.

366번 가구: 남편, 부인, 자녀 다섯 명

모두 합쳐서 단위 소비자 5.0. 남편과 부인이 2주마다 받는 실업 급여가 각각 49실링과 22.40실링. 따라서 하루 총수입은 단위 소비자당 1.02실링. 주말농장 있음.

아파트는 작은 방 하나와 거실 겸용인 커다란 주방 하나로 구성돼 있으며, 청소 상태가 깔끔하다. 공간이 좁은데도 모든 곳이 잘 정돈돼 있다. 아이들도 깔끔하고 돌봄의 손길을 받은 느낌이 난다. 부인은 살림을 전부 손수 관리하고 고친다고 말했다. 그렇지만 이미 옷가지가 턱없이 부족하다. 의류 지원 사업에 관련해서 부인은 열네 살짜리 아들에게 입힐 외투를 받고 싶다고 말했다. 몇 달 전에 라디오를 팔았고, 신문 구독료도 부담이 돼 끊었다. 집안일 때문에 힘들기는 하지만 가끔 남편이 도와준다고 한다. 아이들도 조금씩 손을 보탠다.

남편으로 말하자면 일을 하던 때에는 아무 문제가 없었다. 마음에 들지 않는 일이 있으면 절대 참지 않고 자기 권리를 주장했다. 그렇지만 일자리를 옮겨야 하는 일이 잦았다. 전쟁에도 참전했지만 그때가 인생에서 최악의 시간은 아니었다. 여가 시간에는 악단 대표를 했는데, 진심을 다해 한 일이었다. 지금도 가끔 악단 활동을 하지만, 요즘 사람들은 음악을 듣는 데 돈을 쓸 여력이 없다. 빈에서 열리는 콘서트에 종종 갔다. 토요일 저녁에는 술집에 들렀다. 당연히 지금은 전부 발길을 끊었다. 마리엔탈의 상황이 좋아지는 일은 없으리라고 생각한다. 이렇게 비참하게 된 책임은 정부에 있기 때문에 정부가 자기를 지원해줘야 한다고 본다. 전반적으로 특별히 불만이 있어 보이지는 않는다. "이런 식으로 살아갈 수도 있죠. 독신자는 그래도 형편이 낫고, 이민을 갈 수도 있습니다. 그런데 가족이 있으면요? …… 예전에는 아이들을 교육시키고 싶었지만, 지금 같아서는 입에 풀칠이라도 해주면 좋겠습니다." 공장 감독은 이 남편이 특별히 유능한 노동자라고 했다.

남편은 사회민주당 당원이지만 정치에는 별로 관심이 없다. 산책을 즐기고 종종 노동자회관에서 카드놀이를 한다. 부인은 패턴 디자인 강습에 한 번도 빼먹지 않고 열심히 참석했다. 남편이 입는 정장도 직접 수선했다. 학교에 다니는 아이들 점심 도시락은 실업 급여가 나오기 전날이나 나온 다음날이나 똑같다(돼지기름 바른 빵). 여러 집을 전전하며 가사 도우미로 일하는 딸은 집이 좋다면서 계속 일을 그만두고 돌아온다. 식사 기록을 보면 일주일에 한 번 고기(말고기 굴라시)를 먹는다.

이 기록을 보면 기본적인 욕구 감소의 실상과 정도를 얼마간 알 수 있다. 이 가족은 신문과 라디오를 포기했고, 남편은 빈 나들이와 술집 방문을 끊었다. "이런 식으로 살아갈 수도 있죠." 가족은 무엇보다도 식료품을 비롯해 가장 기본적인 의복도 절약한다. 아이들은 상급 학교 진학도 포기해야 한다. 이 모든 제약을 대가로 해서 부인은 아이들의 건강과 효율적인 살림 수준을 유지한다. 매일 아이들에게 제대로 된 도시락을 싸준다.

23번 가구: 남편, 부인, 자녀 세 명

모두 합쳐 단위 소비자 3.6명. 남편과 부인이 2주마다 받는 실업 급여가 각각 47.40실링과 22.40실링. 따라서 하루 총수입은 단위 소비자당 1.38실링. 주말농장 있음.

집에는 큰 방 하나, 주방, 곁방이 있고, 깔끔하다. 아이들도 깨끗하고 잘 차려입었다. 의류 지원 사업으로 부인은 남편이 입을 재킷을 신청함. 아이들이 아직 어려서 바깥에서 파트타임 일자리를 구할 수 없다고 함. 남편이 집안일을 거의 도와주지 않아 불만임. 마리엔탈의 상황이 달라지지 않는다고 봄. 아무 계획이 없음. 그래도 어떻게든 살아갈 생각임. 막 점심을 차리는 중이었는데, 그레이비소스에 졸인 콩이었음.

남편은 정육점을 차리려 했지만 아버지가 반대함. 그러자 정육점을 차리지 못하면 아무것도 배울 생각이 없다고 선언하고는 학교를 그만두고 곧장 미숙련 노동자로 공장에 취직함. 전쟁 중에 러시아에서 포로 생활. "그때가 제일 살기 좋았죠." 거기 눌러살 수 있었지만, '결국 자기 나라에 살아야 하는 법'이라 돌아옴. 1921년 이래 마리엔탈에 살고 있음. 원래 러시아로 돌아갈 생각이었지만 별다른 시도를 하지 않음. "당분간은 괜찮을 겁니다."

부인은 어린 시절이 무척 불행했다. 뜨개질 교사가 소원이었는데, 집안 사정 때문에 꿈도 꾸지 못했다. 열일곱 살에 첫 아이를 낳았지만 금세 죽었다. 그때부터 공장이 문을 닫을 때까지 계속 일했다. 남편이 아무 노력도 하지 않아서 부부 싸움을 자주 한다. 실업 사태가 시작되기 전에는 그다지 나쁘지 않았지만, 지금은 남편이 집에 붙어 있지 않는다. 부인은 가끔 외출을 하고 싶은 마음이 간절하다. 때로는 남편한테 집을 지키라고 하고 혼자서 나간다.

남편은 대부분의 시간을 노동자회관에 나가거나 잡지와 소설을 읽으며 보낸다. 언제나 기분이 좋기 때문에 사람들한테 인기가 많다. 워낙 재미있는 사람이라 술집에서 열리는 파티에 자주 초대를 받는다. 집에서는 부인이 발언권이 가장 큰데, 남편에게 맨날 뭐하고 다니느냐고 시시콜콜 따진다. 언젠가 부인은 우리에게 이렇게 말했다. "어쨌든 계속 목숨을 부지할 테죠. 사람이 죽으라는 법은 없으니까요." 남편이 한 말하고 아주 비슷하다. "어쨌든 계속 목숨을 부지할 테죠." 이 말에는 기본적 욕구와 필요를 끊임없이 줄여야만 하는 상황 속에서 자포자기한 평정심이 담겨 있다. 마리엔탈에 사는 다른 사람들도 그렇듯이, 식비가 가장 많이 줄었다.

여러 가구의 기록을 자세히 들여다보면, 갖가지 태도가 드러난다. 앞에서 설명한 두 가구에서 나타나는 태도는 중간 범위에 속하지만, 조만간 특이한 사례가 등장해서 좀더 세심하게 분류할 필요가 생긴다. 긍정적인 면으로 특이한 사례부터 살펴보자.

141번 가구: 남편, 부인, 자녀 두 명

모두 합쳐 단위 소비자 3.0명. 남편의 실업 급여 42.60실링. 곧 하루 총수입은 단위 소비자당 1실링. 주말농장 있고, 토끼 키움.

집은 방 하나, 작은 침실 하나, 주방이고, 아주 깔끔함. 아이들 옷도 깨끗하고 보살핌을 잘 받는다는 인상임. 부인은 아직 청소 전이라고 양해를 구했지만, 어디 한 군데 지저분한 곳이 없었다. 의류 지원 사업으로 아홉 살배기 남자애 옷을 받고 싶어함. 점심으로 일요일에 먹다 남은 토끼고기를 먹었음.

남편은 수습 시절에도 이래라 저래라 하는 여사장에게 대들었음. 전쟁 중에 징집됨. 진급 대상이었는데, 확신을 품은 평화주의자이기 때문에 거부함. 이탈리아에서 포로가 돼 아주 쉽게 이탈리아어를 배움. 마리엔탈로 돌아온 뒤 학교 시절 알던 여성하고 결혼. 공장에 들어가자마자 동료들에게 대변인으로 선택됐고, 나중에는 직장평의회 대표가 됨. 언제나 몇 가지 정치적 직책을 맡음. 원래는 재단사 강습을 받아서 빈에 양복점을 열려고 했음. 아들 또한 재단사 교육을 받으려 함. 독서광. 프랑스로 이민가려 했지만 부인이 반대했음. 프랑스로 건너간 동료들이 불운을 겪은 모습을 보고 지금은 이민 가지 않아 다행으로 여김.

현재 상황을 그래도 견딜 만하다고 생각함. 다들 조언을 구하러 오는 탓에 정치 활동을 하느라 늘 바쁘며, 어쨌든 오늘내일 굶어 죽을 일은 없다고 생각함. 동료와 상급자들 사이에 좋은 평을 받음. 요즘도 어디를 가나 여전히 인기가 좋음. 기본적으로 낙관적인 사람임.

부인은 진료를 받으러 아이들을 계속 데리고 오고 의사의 지시 사항을 엄격하게 따름. 마리엔탈에서 열리는 행사마다 빠짐없이 참여함. 아직 멀쩡한 옷이 많이 남아 있어서 필요하면 남편이 직접 수선해서 입음.

앞의 두 사례에 비교할 때 이 가족의 기록에서는 특히 두 가지를 주목할 만하다. 살림을 꼼꼼하게 관리한다는 점, 그리고 아직도 가정에서 만족스러운 분위기가 풍긴다는 점이다. 어떻게든 살아가는 집이 아니라 목적의식적으로 생활하는 집이다. 남편은 현재 상황을 견딜 만하다고 보고 낙관하며, 아들 교육뿐만 아니라 자기 자신에 관련해서도 여러 가지 계획이 있다. 이 가족은 미래를 지향한다.

다음 사례들은 평균보다 부정적인 태도를 보인다는 점에서 상황이 다르다. 이 태도는 두 가지 다른 형태를 띨 수 있다. 363번 가구가 첫째 사례다.

363번 가구: 남편, 부인, 자녀 네 명

모두 합쳐 단위 소비자 4.2명. 부인이 받는 실업 급여가 얼마 전에 중단됐는데, 남편이 농사일을 할 수 있기 때문이라고 한다. 따라서 현재 소득은 전혀 없다(본인들이 한 설명). 토끼를 키운다.

집은 방 하나, 주방, 곁방이 있는 오두막인데, 엉망진창이다. 지저분하고 어지럽다. 아이들과 부모는 사실상 입을 옷이 하나도 없다. 부인과 아이들은 지저분하고, 집 전체가 너저분하다. 차마 입을 수 없는 옷 쪼가리가 여기저기 널려 있다. 부인은 남편이 집안일을 전혀 도와주지 않고 그냥 걸리적거리는 짐일 뿐이라고 불만을 털어놓는다. 의류 지원 사업에서 '따뜻한 옷가지'를 받고 싶다. 누가 입던 옷이든 상관없다.

부인은 어린 시절에 고생을 했다. 학교를 마치자마자 공장에서 일을 시작했다. 1925년에 마리엔탈에 왔다. 결혼 생활은 그래도 좋은 편이었는데, 지금은 불행하기 짝이 없다. 남편은 정규직으로 일한 적이 없기 때문에 실업 급여를 받지 못한다. 실업 사태가 시작된 뒤로 남편은 구직 활동을 전혀 하지 않으면서 부인에게 전적으로 의지한다. 가끔 극장에 가고, 부인의 물건을 가지고 나가 팔거나 잡담이나 카드놀이로 시간을 때운다. 부인은 장작도 직접 패야 한다.

"이젠 신경도 안 써요." 부인은 말한다. "아이들을 복지 기관에 넘길 수만 있으면 당장이라도 그럴래요."

두 사람은 허구한 날 싸우는 부부로 유명하다. 부인은 별로 인기가 없다. 전쟁으로 장애인이 된 남편은 나쁜 사람은 아니고 그냥 무능력할 뿐이다. 부인은 남편보다 좋은 머리를 잘 활용한다.

여기 지금까지 기술한 어떤 가족에 비교해도 무척 다른 행동 유형이 있다. 이제는 각자 필요한 사항을 견줘보고 중요도에 따라 우선순위를 정하려는 시도 같은 과정은 없다.

이 가족은 그냥 될 대로 되라는 식의 인상을 풍긴다. 뭔가 희망을 걸고 있는 대상도 없다. 보통 끝까지 챙기게 마련인 아이들과 집도 상태가 엉망이다.

다음 가족은 평균하고는 다른 둘째 부정적 유형을 보여준다.

467번 가구: 남편, 부인, 자녀 두 명

모두 합쳐 단위 소비자 3.0명. 남편이 받는 실업 급여가 42실링이
므로 하루 총수입이 단위 소비자당 1.0실링. 주말농장 있음.

부인이 매우 신경질적임. 우리가 방문하자마자 곧바로 울음을
터트렸는데 심하게 우울해 보였음. 집은 방 하나, 작은 침실 하나,
주방인데, 아주 깨끗하고 정리가 잘 돼 있음. 가족 전부 옷도 깔끔
하고 상태가 좋아 보임. 의류 지원 사업으로 남편은 아이들 옷가
지를 받고 싶어함. "무엇보다도 끔찍한 일은 아이들한테 아무것도
해줄 수가 없다는 겁니다." 남편은 아이들이 정신이나 신체 면에서
발달이 늦을까 봐 걱정함.

원래 남편은 항상 매사에 만족하지 못했고, 성공을 원했으며,
자신감과 가족에 관한 자부심으로 가득차 있었음. 항상 공부하고
일하는데다가 워낙 자기주장이 강해서 정리해고가 시작될 때 자
기는 무사할 테니 걱정 말라고 자신만만했음. 처음 몇 달 동안은
자기만큼 능력 있는 사람이라면 나락으로 떨어질 일이 없다고 믿
었음. 실직하고 나서 1년 동안 130군데에 구직 신청을 하지만 답
장을 받지 못함. 지금은 완전히 궁지에 몰린 상태임. 아침도 굶고
난방비도 아낄 겸 하루의 절반을 침대에서 나오지 않는다고 말함.
집 밖을 나서는 일이 거의 없음. 완전히 절망에 빠진 상태임. "좋

아질 일이 없어요. 나빠지기만 할 겁니다." 전부 끝장이 나기를 바람. "아이들만 아니라면 어떤 일이든 견딜 수 있습니다."

예전에 입던 괜찮은 옷가지가 좀 남아 있고, 부인은 정기적으로 복지원에 보내는 아이들 걱정이 태산임. 남편은 온종일 집에 틀어박혀 아무것도 안 함. 사람들을 만나지도 않음.

이 가족의 행동은 대단히 질서 정연하다는 특징을 보인다. 경제적으로 곤란한 상태인데도 최대한 살림을 꾸리려고 세심하게 노력한다. 그렇지만 이런 질서 정연함은 이례적일 정도로 절망의 표출에 결합된다. 이 가족이 앞서 사례로 든 가족하고 구별되는 점은 질서 정연한 생활의 흔적이 남아 있다는 사실이다. 극단적인 절망의 분위기 때문에 주요 그룹하고는 구별된다.

지금까지 우리는 네 가지 다른 태도를 살펴봤다. 각각을 분명하게 구분하기란 언제나 쉽지 않다. 특히 각각의 태도에 적절한 이름을 붙이기가 쉽지 않다. 따라서 특정 가구를 이런저런 범주로 분류하게 된 기준을 다시 한 번 밝히는 편이 좋겠다.

마리엔탈에서 가장 흔히 나타나는, 언뜻 보기에 가장 두드러지는 기본적 태도는 처음 두 가구의 기록을 통해 설명된다. 상황이 바뀌지 않는다는 현실을 받아들이고 무심하게 별 기대도 없이 그냥 되는 대로 사는 태도 말이다. 그러니까 전반적으로 그래도 조용한 분위기이고, 가끔 평온하고 즐거운 순간도 찾아온다. 그렇지만 이 가족들의 머릿속이나 심지어 꿈에서도 미래란 계획의 형태나마 존재하지 않는다. 이 모든 상황을 한 단어로 요약하자면 **체념**이 적합하다. 이 단어의 일상적인 용법하고 완전히 똑같지는 않다. 보통 이 단어에는 이 가족들이 이따금 보여주는 순간적인 만족의 의미가 담겨 있지 않다. 그렇지만 이런 삶의 태도를 특징짓는 줄어든 욕구와 기대의 부재를 더 잘 묘사하는 단어는 없다. 이 모든 사례에서 우리는 살림이 상당히 정돈되고 아이들도 잘 돌보는 모습을 발견했다. 이런 설명에서 한 가족을 **체념한** 상태로 분류하고 그렇게 간결하게 규정하게 된 기준을 하나만 꼽자면, 이렇게 말할 수 있겠다. 곧 계획이나 미래, 희망이 없고, 아주 기본적인 생필품 말고는 어떤 욕구도 극도로 제한되지만, 그래도 동시에 살림을 유지하며 아이들을 돌보고, 전반적으로 그나마 행복하다고 느낀다.

이런 태도는 141번 가구의 사례에서 드러나는 태도하고는 구별해야 한다. 이런 유형의 가족을 보면 훨씬 활발하다는 인상을 받는다. 이런 집의 살림도 **체념한** 상태의 가구처럼 정돈이 잘 돼 있지만, 상대적으로 욕구 제한이 덜하고, 시야가 넓으며, 활력도 많다. 이번에도 또한 이런 태도를 가리키는 적절한 표현을 찾기가 쉽지 않았다. 결국 우리는 **온전한** 상태라고 규정하고, 이런 태도에 관해서 다음 같은 기준을 만들었다. 곧 살림을 관리하고, 아이들을 돌보고, 주관적으로 행복하고, 활동적이며 희망과 미래 계획이 있고, 활력을 잃지 않고, 계속해서 구직을 하려 노력한다.

나머지 두 태도 그룹은 둘 다 **망가진** 상태라고 부를 수 있지만, 둘 사이의 차이가 워낙 커서 각각을 하나의 범주로 다루기로 했다. 구분은 붕괴 상태가 드러나는 영역에 따라 나타난다. 363번 가구는 살림 관리가 문제가 되고, 467번 가구는 정신적 상태가 문제가 된다.

언뜻 보면 생활 양상이 체념 상태하고 크게 다르지 않지만 망가진 가정인 뒤의 범주부터 살펴보자. 차이점은 당사자가 이런 현실을 주관적으로 경험하는 방식에 있다. 이 사람들은 완전히 절망 상태에 빠졌으며, 이런 기본적 관점 때문에 망가진 상태라는 이름이 붙는다. **온전한** 가족이나 **체념한** 가족하고 마찬가지로, 이 가족도 살림을 정돈하고 아이들을 돌본다. 그렇지만 한 가지를 덧붙여야 한다. 절망, 우울, 무기력, 아무리 노력해도 소용없다는 느낌에서 벗어나지 못하고, 따라서 일자리를 구하거나 상황을 개선하려는 시도를 포기하는 대신에 좋던 옛날과 현재를 끊임없이 비교한다.

마지막으로, 넷째 태도는 살림 관리가 안 된다는 점에서 나머지 셋하고 다르다. 만사에 냉담하고 게으른 이 가정은 무엇이든 망가지기 전에 손을 쓰려는 시도조차 하지 않고 그냥 내버려둔다. 이 범주는 **냉담한** 상태라고 부르기로 하자. 주요한 특징은 완전한 수동성, 곧 어떤 노력도 하지 않는다는 점이다. 집과 아이들은 더럽고 방치돼 있으며, 정신 상태는 절망적이 아니라 그냥 무관심하다. 아무런 계획도 없고, 희망도 없다. 살림은 워낙 난장판이라 최소한의 욕구도 충족시키지 못한다. 그야말로 엉망진창이다. 흔히 마리엔탈의 알코올 의존증 환자들이 이 범주에 속한다. 가정생활은 해체되기 시작하고, 다툼과 구걸, 절도가 전형적인 증상이다. 아무도 먼 미래를 계획하지 않고, 당장 며칠 뒤나 몇 시간 뒤도 생각하지 않는다. 실업 급여는 받자마자 며칠 만에 써버린다. 나머지 2주 동안 무슨 일이 생길지 별로 생각하지 않는다.

네 범주 중 세 범주를 묶는 특징은 생활비를 꼼꼼하게 관리한다는 점이다. 여성들이 대화하면서 관련된 숫자를 전부 기억해내는 모습을 보면, 우리는 그 사람들이 몇 푼 안 되는 돈이나마 어떻게 쓸지를 항상 궁리하고 있다는 사실을 알 수 있다. 그런 덕분에 우리는 앞 장에서 가계부를 쓰라고 설득은 하지 못해도 가족들의 생활비를 어느 정도 조사할 수 있었다.

그렇지만 이렇게 꼼꼼하게 살림을 꾸리는 사이에도 종종 말도 안 되는 지출의 흔적을 발견할 수 있다는 사실 또한 마찬가지로 중요하다. 때로는 이렇게 '돈 펑펑 쓰기'가 해체를 알리는 첫 신호일지 모르겠지만, 때로는 그냥 과거의 풍요로운 경험으로 이어지는 마지막 남은 연결 고리이기도 했다. 어느 쪽인지 판단하는 일이 항상 가능할 수는 없다. 여기 놀라우면서도 언뜻 비합리적인 지출의 사례가 몇 가지 있다.

감자를 비롯한 채소가 중요한데도 많은 주말농장에서 꽃을 키운다. 감자 160파운드[1] 정도를 수확할 수 있는 땅에 카네이션

표 1 빈곤에 대응하는 네 가지 태도의 분포 — 100가구

온전	16가구
체념	48가구
절망	11가구
냉담	25가구

과 튤립, 장미, 초롱꽃, 팬지, 달리아를 가득 심는다. 우리가 왜 꽃을 심느냐고 물었더니 이런 대답이 돌아왔다. "빵만 먹고 살 수는 없죠. 마음을 위해 뭔가 필요하니까요. 집에 꽃병에 놓아두면 기분이 좋거든요."

실업 급여 수급 자격이 1년 전에 끝난 가족은 돈이 없어서 설탕을 포기하고 사카린만 쓰는데다가 아이들도 전혀 돌보지 않는데, 어느 날 노점에서 겨우 30그로셴이지만 베네치아 그림을 한 장 샀다. 긴급 생계 지원을 받아 근근히 살아가는 다른 가족은 식구 한 명이 세상을 떠나자 꽤 큰돈을 들여 상복을 샀다. 그리고 어느 50세 여자는 갑자기 할부로 고데기를 사기도 했다.

이런 일화들은 대개 좌절된 자식 사랑에 밀접히 관계된다. 열두 살짜리 남자애 하나는 2주마다 돌아오는 실업 급여 지급일 전날에는 빵 한 조각 없이 학교에 오는데, 다음날에는 살라미 샌드위치와 도넛 두 개, 초콜릿 하나를 들고 나타났다.

그림책과 달력[2]도 파는 신문 가판대 주인은 그림책이 달력만큼 판매 부수가 줄지는 않았다고 알려줬다. 여성 고객들이 새로

생기기도 했다. 생일이나 다른 명절, 또는 갑자기 충동이 생겨서 아이 선물로 그림책을 사 간다고 한다.

어쩌면 첫째 사례와 마지막 사례는 그나마 남은 소소한 즐거움을 향한 열망으로 해석해야 할 듯하다. 다른 사례들 중에서 일부는 파멸의 징후일 테다. 어쨌든 이런 사례를 볼 때, 아무리 쪼들려도 마리엔탈 사람들의 생활 양식이 완전히 똑같아지지는 않는다는 사실을 유념해야 한다. 그렇다 하더라도 네 가지 기본 태도를 특징짓는 양상들은 마리엔탈 주민들이 살아가는 삶의 전체적 모습을 제대로 묘사한다. 따라서 이제 우리는 네 가지 태도로 돌아가 마리엔탈에서 이런 모습이 각각 얼마나 자주 나타나는지를 살펴보려 한다.

우리는 다양한 자료를 통해 자세한 정보를 수집한 100가구에 근거해 유형을 분류했다. 네 유형의 분포를 보면 **표 1**하고 같다.

그렇지만 이 가구들은 마리엔탈의 전체적인 모습을 보여주는 단면도가 아니라는 점을 유념해야 한다. 가장 시급하게 도움이 필요한 가구로 지목된 사례일 뿐이다. 나중에 조사 과정에서 주민 전체를 잘 알게 되면서, 우리는 이 100가구에 **망가진** 상태로 분류할 만한 모든 가구가 포함돼 있으며 **체념한** 상태와 **온전한** 상태는 아주 일부만 들어 있다는 사실을 깨달았다. **절망적** 상태

---

1 73킬로그램 — 옮긴이.

2 오스트리아는 전통적으로 벽걸이 달력을 쓴다 — 영어판.

표 2 빈곤에 대응하는 세 가지 태도 — 전체 가구 백분율

온전	23%
체념	70%
망가짐	7%

의 11가구와 **냉담한** 상태의 25가구는 전체 인구의 2퍼센트와 5퍼센트 정도를 차지한다. 따라서 우리가 조사한 시점에서 대략 7퍼센트가 실업의 압박을 견디지 못하고 무너진 상태였다. 나머지 가구는 우리가 100가구에서 발견한 정도하고 같은 비율로 **온전한** 상태와 **체념한** 상태로 나뉘었다.

이런 인상은 다른 근거에서 따져도 그럴듯해 보인다. 생활 양식의 변이 폭이 아주 작아진 탓에 궁핍한 100가구의 다수가 마리엔탈의 평균을 대표해서 보여줬다. **냉담**과 **절망**을 **망가진** 상태에 포함시키면 마리엔탈의 모든 가구가 **표 2**처럼 분류된다는 결론을 내릴 수 있다.

아직 온전한 상태인 가구는 전체의 4분의 1이 되지 않는다. 전반적인 상황에서 받는 압박은 제쳐두고라도, 벗어날 수 있다는 희망을 품은 가구가 그렇게 적은 데에는 또 다른 이유가 있다. 아마 가장 활동적이고 정력적인 가구 중에서 일부는 우리가 마리엔탈에 오기 전에 이민을 가는 식으로 이미 도시 전체에 닥친 운명에서 벗어난 듯하다.

인접한 지역은 이민 후보지로 삼을 수 없었다. 영원히 떠난

이들은 대부분 체코슬로바키아로 갔고, 임시방편이지만 루마니아로 가기도 했다. 1930년 이래 모두 60명이 해외로 이주했다. 몇몇 십장은 루마니아에서 일자리를 찾을 수 있지만, 다른 이들은 이민을 결심할 수 없다. 사람들이 지닌 태도는 여기서 실업자가 된 만큼 좀 기다리다 보면 좋은 시절이 오지 않을까, 다른 데 간다고 좋은 대접을 받는다는 보장이 있을까 하는 식이다. 마리엔탈에서 프랑스로 간 몇몇 가족이 맞은 불행한 경험도 이런 태도를 부추긴다.

전반적으로 보면, 젊은이들이 좀더 쉽게 떠난다. 마리엔탈을 떠난 60명 중 13명만이 40세 이상이고, 47명이 40세 이하, 27명이 30세 이하다. 쉽게 알 수 있듯이, 마리엔탈에서 가장 정력적이고 활기 찬 집단인 젊은이들 중 상당수가 우리 조사에 등장하지 않는다. 이 젊은이들은 이제 여기에 없기 때문이다.

주민들을 접촉하면서 받은 직접적인 인상을 따라가면, 마리엔탈에서 지내는 생활이 70퍼센트라는 수치가 의미하는 정도보다 훨씬 더 체념적인 태도로 특징지워진다는 점을 발견한다. **온전한** 요소와 **망가진** 요소는 각각 다른 이유로 눈에 잘 띄지 않기 때문에 마리엔탈 전체가 완전히 체념한 듯한 인상을 풍긴다. 지금 당장은 질서가 유지돼도 미래를 향한 연결은 완전히 끊겼다.

이렇게 체념이라는 인상이 압도하는 또 다른 이유는 이 태도가 어린이와 청소년에게 크게 영향을 미친다는 데 있다. 마리엔탈에서 체념이 더욱 두드러지는 이유는 원래 젊은 층은 좀처럼

표 3 크리스마스 선물의 평균 비용

마리엔탈	12실링
이웃 마을들	36실링

표 4 크리스마스 선물 만족도

받고 싶은 선물에 견줘 실제로 받은 선물	마리엔탈	이웃 마을들
더 많이 받음	11%	18%
받고 싶은 대로 받음	20%	44%
더 적게 받음	69%	38%

이런 태도를 보이지 않기 때문이다. 몇 가지 수치를 보면 이런 상황이 증명된다.

앞에서 언급한 '크리스마스 선물로 받고 싶은 것'이라는 주제에 관한 학생 작문을 바탕으로 우리는 받고 싶어하는 선물의 가격을 시세에 따라 계산했다. 그리하여 아이들의 소원을 들어주는 평균 비용이 **표 3**처럼 나왔다.

마리엔탈 아이들이 바라는 선물의 가격은 다른 아이들이 기대하는 선물에 견주면 3분의 1에 지나지 않았다. 그리고 아이들은 소박한 바람조차 드러내 말하는 일이 드물었다. 마리엔탈 아이들이 쓴 작문의 3분의 1 정도가 가정법으로 쓰였다. 아이들은 보통 글의 첫머리를 '만약 부모님이 실직하지 않았더라면' 같은 문장으로 시작했다. 열한 살짜리 남학생은 이런 글을 썼다.

부모님이 돈이 좀 있으면 바이올린하고 옷 한 벌, 포스터물감, 붓하나, 책 한 권, 스케이트 한 켤레, 코트 한 벌을 받고 싶다. 겨울 코트 하나를 받았다.

같은 나이인 여학생이 쓴 글이다.

엄마 아빠가 실직자가 아니면 아기 예수님[3]한테 선물을 많이 달라고 했을 텐데. 안경 하나 말고는 아무것도 받지 못했다. 지도책하고 나침반이 갖고 싶었는데.

아홉 살짜리 초등학생은 이렇게 썼다.

사진 앨범을 받으면 좋았을 텐데. 부모님이 실업자라서 아무것도 못 받았다.

크리스마스 전에는 체념하지 않던 아이들도 그 뒤에는 마음을 내려놓았다. 마리엔탈의 아이들 대부분에게 크리스마스는 기쁨과 놀람보다는 실망을 의미했다. 받고 싶은 선물과 실제로

---

3 오스트리아에서는 산타할아버지가 아니라 아기 예수가 크리스마스 선물을 가져다준다 ― 영어판.

받는 선물이 너무 차이가 난 현실이 증거다.

이웃 마을에 사는 아이들은 절반이 훌쩍 넘는 수가 최소한 바라는 선물을 받았고, 기대에 못 미치는 선물을 받은 비율은 3분의 1이 약간 넘는다. 마리엔탈에서는 100명 중에서 69명이 바라는 선물을 받지 못했다. 이웃 마을에 사는 아이들보다 마리엔탈 아이들이 기대와 충족 사이의 불일치가 더 컸다. 우리가 살펴본 대로 마리엔탈에서는 아이들이 더 많이 받거나 받고 싶은 대로 받거나 더 적게 받거나 간에 받고 싶은 선물의 수준이 다른 동네 아이들보다 상당히 낮은데도 이런 결과가 나왔다.

장기 계획의 부재는 이런 기본적인 체념의 태도에서 드러나는 또 다른 특징이다. 사람들이 자기 생애사를 이야기할 때 목적의식이 전혀 없는 모습이 가장 인상에 남았다. 남성 28명과 여성 29명의 생애사를 기록할 때, 우리는 또한 미래 계획에 관해 이야기를 걸었다. 15명만 계획을 말했는데, 대부분 마리엔탈을 떠날 생각을 하고 있다. 그렇지만 한 명을 제외하고는 이런 계획을 실현하기 위해 어떤 일도 하지 않았다.[4] 실제로 계획이 있다고 말하는 몇몇 사람도 구체적인 계획보다는 희망 사항을 털어놓을 뿐이다. 성인들은 이제 어떤 구체적인 미래 설계도 없다. 나중에 살펴볼 테지만, 어느 정도는 젊은 세대도 마찬가지다.

상황을 개선하려고 노력하는 이들 앞에는 넘기 힘든 여러 어려움이 있기 때문에 이런 태도를 보이는 모습도 이해가 된다. 그리고 마리엔탈 사람들이 상황을 개선하기 위해 집단적으로 행사할 수 있는 영향력은 매우 미약하고 간접적이기 때문에 마리엔탈 전체가 체념한 채 몰락을 받아들인다. 이런 추세를 특히 분명하게 보여주는 집단은 이번에도 어린이들이다. 중등학교 학생들 전체에게 '실업에 관한 생각'이라는 주제를 준 뒤 글을 써보라고 했다. 가정에서 실업을 겪어서 실업이 뭔지 아는 아이들과 이웃 마을 아이들 사이에 커다란 차이가 드러났다. 이웃 마을 아이들도 실업에 관해 알기는 했다. 그렇지만 마리엔탈 아이들은 무기력하게 체념하고 받아들인 반면, 다른 아이들은 자기가 실업자와 낙오자에 속하지 않는다는 사실에 만족하는 한편 언젠가 같은 운명을 겪게 될지 모른다는 사실에 공포를 나타냈다.

마리엔탈 인근에 사는 열두 살짜리 소년은 부모가 농민이었는데, 이런 글을 썼다.

아직 가난과 실업에 관해 생각한 적은 없지만, 그래도 아직 먹고 싶은 만큼 먹을 수 있어서 다행이다.

인근에 사는 노동자의 아이는 이렇게 썼다.

유럽 나라들은 대부분 빈곤과 실업이 있다. 많은 부유한 가정에서

---

4 그렇지만 이미 60명이 이민을 간 사실을 기억해야 한다. 우리가 마리엔탈에서 만난 남아 있는 사람들은 그만큼 활력 넘치는 이들이 아니었다.

표 5 학생 작문에서 실업에 관한 언급

	마리엔탈 학생	이웃 마을 학생
생각한 적 없음	16%	28%
자기 경험	37%	2%
부모님이 아직 일을 해서 다행이다	–	16%
실업을 두려워함	–	6%
무의미한 글	47%	48%

빵과 남은 음식을 버리는데, 많은 가정은 매일 빵이라도 먹으면 다행이라고 생각한다. 모든 나라가 똑같은 사정이다.

'다행이라고 생각한다'는 이 구절은 자기는 행복하며 자기보다 불운한 모든 이들하고 완전히 분리돼 있다는 마음을 가장 강하게 표현하는 말이다. 그렇지만 마리엔탈 아이들은 경험에서 우러난 글을 썼다. 열두 살짜리 학생은 특히 가난에 관한 인식이 이미 마음속 상상에 침투한 모습을 분명히 보여줬다.

나는 조종사나 잠수함 함장, 인디언 추장, 기계공이 되고 싶다. 그런데 일자리를 구하기가 아주 어려울까 봐 걱정이다.

물론 아이들 중에서 절반 정도는 주제에 별 관련도 없는 무의미한 문장을 몇 줄 적어서 냈다. 그렇지만 학생들 작문은 흔히 이런 식이다. 게다가 이렇게 공허한 작문이 많다는 점이 실업 경험에 관련된 사실은 아니다. **표 5**에서 알 수 있듯이, 이런 작문의 비율은 마리엔탈 학생들은 47퍼센트이고 이웃 마을 학생들은 48퍼센트였다. 여기에서 마리엔탈 아이들이 실업에 관해 말한 내용과 이웃 마을 아이들이 말한 내용을 수치로 비교했다.

학년이 높을수록 학생 본인은 실업자가 아니더라도 실업이 개인적 문제가 될 가능성이 크다. 이런 십대들은 미래를 걱정하는데, 앞에서 인용한 조금 소박한 작문에서 이런 정서가 표현된다. 혹시 자기도 취직을 못 할지 모른다는 현실적인 걱정이 짙게 드리워 있다. 한 13세 소녀는 이렇게 썼다.

나는 여성복 재단사가 되고 싶은데, 취직을 못 해서 밥을 굶을까 봐 걱정이다.

수습생[5]을 제외하고 청소년들 사이에 이런 태도가 만연해 있었다. 우리는 고학년 학생을 대상으로 '내가 생각하는 미래'라는 주제로 글짓기 대회를 열었다. 새 바지 한 벌을 상품으로 걸었는데도 열다섯 편만 접수됐다. 저조한 참가율 자체가 학생들이 이 문제에 관심이 별로 없다는 사실을 보여줬다. 그렇지만 대회에 참가한 학생들은 목표 의식의 부재를 한층 더 분명히 보여

---

5 필수 직무 교육을 받는 예비 노동자. 숙련 노동자나 숙련직으로 인증받기 위한 첫 단계 — 영어판.

줬다. 열다섯 편 중에 다섯 편이 수습생이 쓴 글이었다. 수습생이 쓴 글과 일을 하지 않는 학생들이 쓴 글은 두드러지게 차이가 났다. 수습생들은 자기가 배우고 있는 업종의 상황을 생각하면서 구체적이고 개인적인 미래 계획을 발전시킨 반면, 다른 학생들은 더 나은 미래, 곧 모든 사람이 '한 달에 최소한 300실링을 버는' 사회주의나 억압받는 사람들이 모두 해방되는 세계 혁명에 관한 전반적인 희망만을 나타낼 뿐 자기 자신의 구체적인 미래에 관해서는 아무런 말이 없었다.

여기에 나란히 두 그룹을 대표하는 두 가지 사례가 있다. 열일곱 살 된 재단사 수습생은 이렇게 말한다.

살면서 운이 좋으면 수습 기간이 끝나고 몇 년 동안 기능공^{Geselle}[6]으로 일한 다음에 실무 재단 강습을 받으면 나중에 좋은 기회가 생길 수 있다. 그다음에는 업계에서 자리를 굳힌 양복점에서 재단사로 일할 생각이다. 그리고 나중에는 독립해서 장인 재단사가 되고 싶다.

다음은 스물다섯 살 실업자 청년의 말이다.

오늘날 사회에서 나는 미래를 이렇게 본다. 자본주의의 곳곳이 삐걱거리는 오늘날의 세계 경제 위기에서 우리는 조만간 자본가 반동의 굴레를 벗어던지리라. 나는 가까운 장래에 자본주의가 완전

히 붕괴하고 사회주의에 길을 내주게 되리라고 믿으며, 그때 사회
주의를 세우는 데 힘을 보탤 수만 있다면 더한 기쁨은 없으리라.

마리엔탈의 젊은 세대가 겪는 문제를 가장 잘 설명하는 사례
를 들자면, 우리가 청소년 실업자들에 관한 정보를 수집하는 데
너무도 큰 어려움을 겪은 사실이었다. 통계를 보면 마리엔탈에
는 청소년이 131명 있다(14~21세, 남녀 각각 62명과 69명). 우리
는 끊임없이 그 청소년들을 만나려 시도했지만 몇 명을 빼고는
접촉할 수 없었다. 두 소규모 정치 그룹하고 청년사회주의노동
자단, 이따금 한 무리의 독일계 청년 운동선수들이 우리가 관찰
하고 대화를 나누면서 조사할 수 있는 유일한 대상이었다. 청소
년의 절대 다수는 도무지 어디에 있는지 다가갈 수 없었다. 우
리는 남자아이들을 고려해 스포츠 전문 의사를 데려오고 여자
아이들을 대상으로 체육 교실을 열었지만, 거의 오지 않았다.
어딘가 모습을 감추고 '자기들끼리' 노닥거렸다. 두 청소년 그룹
을 이끄는 리더는 자기들도 젊은 친구들을 찾는 데 애를 먹는다
고 털어놓았다.

어린이와 청소년 모두 체념에 가까운 태도가 아주 뚜렷하다.
외부인이 볼 때 우리가 앞에서 설명한 의미의 체념이 마리엔탈
사람들의 기본적 태도로 굳게 자리잡게 된 이유는 어린이와 청

---

6 수습생(Lehrling)과 마이스터(Meister)의 중간 단계 — 영어판.

소년에게서 흔히 기대하는 모습에 이렇듯 뚜렷하게 대조되는 태도가 나타나기 때문이다.

그렇지만 둘째 이유도 있다. 특히 마리엔탈 사람들이 많이 모이는 때에는 언제나 만사를 잊어버리려 하는 욕구와 실제로 잊어버리는 능력이 너무도 분명하게 나타난다. 힘든 상황에서도 한데 모이기만 하면 반드시 낙관주의와 즐거운 감정이 커진다는 이야기가 아니다. 그렇지만 마리엔탈에서 사람들이 모여 있는 광경을 관찰할 때면 언제나 한결같은 모습이 보였다. 이를테면 한 실업자가 우리 지침에 따라 노동자회관에서 작성한 노트가 있다. 12월 15일자 기록은 다음 같다.

오후 6시 즈음 자리에 있던 사람(86명이 있었다)들 대부분이 회관을 나와 저녁을 먹으러 집으로 향했다. 6시 이후에 첫째 무리가 회관으로 돌아와서 난롯가에 모여 앉아 몸을 데웠다. 잠시 뒤 젊은 이들과 나이든 사람들이 좀더 왔다. 오늘은 아무도 카드놀이를 더 할 기색이 아니었다. 나이든 남성들 중 하나가 먹고 마실 게 부족하지 않던 좋은 옛 시절을 이야기하기 시작했다. 그 사람은 이야기를 계속했다. 아직 젊을 때는 동료하고 하루가 멀다 하고 밤마다 밀렵을 다녔다. 굳이 산탄총을 챙길 필요도 없었다. 산토끼들이 다리 사이로 도망을 쳐서 다리만 오므리면 한 마리씩 잡았다. 언젠가 유령을 본 이야기를 풀어놓을 때는 정말 왁자지껄했다. 유령한테 살려달라고 싹싹 빌려 하는데 두 손 사이로 스르륵 빠져나가

더란다. 그날부터 그 사람은 밀렵을 그만뒀다. 다들 웃음을 터트렸고, 한 젊은이는 왜 그때 바로 이야기하지 않았느냐고 따져 물었다. 그때 진작 이야기했으면 지금쯤 마리엔탈이 명소가 됐을 텐데. 사람들이 왜 요즘은 유령이 나타나지 않느냐고 묻자, 그 사람은 요새 젊은이들은 쓸모없는 놈들이라 아무것도 믿으려 하지 않지만 자기 이야기는 분명 진실이라면서 맹세까지 했다.

뒤이어 다른 남성이 이야기를 시작했다. 물론 옛날에는 어떤 일이든지 벌어질 수가 있었단다. 어느 날 밤 그 사람도 친구하고 능에^{bustard}를 잡으러 나갔다. 능에를 잡을 때도 아주 조심해야 했다. 한밤중에 사냥을 해야 하니까 그 사람하고 친구는 각자 커다란 자루, 거울, 초롱불을 챙겨 갔다. 거울을 세워서 초롱불 빛을 거울에 비추고는 시끄러운 소리를 냈다. 갑자기 나는 소리에 깬 능에들이 거울로 달려들면 자루로 잡았다. 자루째 챙겨서 집으로 왔다. 집에 와서 여러 짐승하고 이종 교배를 해봤다. 그 사람 말로는 능에하고 염소 사이에 나온 멋진 잡종이 지금도 하나 있단다. 집에서 풀어 기르는 뿔닭이 바로 그 결과물이란다.

사람들이 말도 안 된다며 웃는데, 젊은이 하나가 바로 자기 모험담을 풀어놓았다. 어느 박물학자하고 밀림 원정을 갔는데, 거기서 아주 위험한 상황과 모험을 여러 차례 직면했단다. 어느 날 숲이 컴컴해져서 밤을 지낼 천막을 치려 하는데, 난데없이 덩치가 산만 한 호랑이 한 마리가 나타났다. 두 사람이 사시나무 떨듯 떨며 서 있었는데, 갑자기 젊은이가 아무 생각도 없이 소매를 걷어붙이

더니 공교롭게도 그 순간 쩍 벌린 호랑이의 입속으로 팔을 쑤셔 넣었다. 젊은이는 호랑이를 단번에 까뒤집어서 내장이 밖으로 나오게 하고는 근처에 있던 뱀 대가리를 집어서 호랑이를 쥐어패기 시작했다. 워낙 세게 때리자 호랑이가 뒷발로 서서는 제발 그만 때리라고 앞발로 싹싹 빌었다. 다시는 밀림에서 해코지를 하지 않겠다고 약속하면서.

갑자기 누군가 소리쳤다. "이제 집에들 갑시다. 이러다가는 자정도 되기 전에 새카만 거짓말 때문에 우리 전부 검둥이가 될 거요." 밤 11시에 회관은 문을 닫았다.

5시간짜리 기록이다. 좋던 옛 시절을 회고한다고 해서 마음이 씁쓸해지거나 지금 닥친 상황에 분노가 치밀지는 않았다. 사람들은 적어도 마음속으로는 즐겼고, 잠시나마 걱정과 비참함을 떨쳐버렸다. '좋던 옛 시절'에 관한 설명은 갖가지 환상으로 장식됐다. 무엇보다도 사람들은 웃으면서 즐기고 싶어했다.

노동자회관에서 기록한 다른 내용들도 비슷한 모습을 보여준다. 언뜻 보기에 평정심을 잃지 않는 모습과 이제 아무 가치가 없는 시간을 보내는 방법이 참으로 인상적이다. 다음 장에서는 이 실업자 공동체에서 시간이 흥미로운 구실을 한다는 점을 좀더 구체적으로 살펴보자.

7장

시간의 의미

노동 계급이 자기 권리를 위해 싸움을 시작한 이래로 여가 시간을 확대하려고 얼마나 끈질기게 투쟁한지를 아는 사람이라면 비참한 실업 상태에서도 사람들은 무제한적인 자유 시간의 혜택을 누리게 된다고 생각하기 쉽다. 그렇지만 자세히 들여다보면 이런 여가 시간은 비극적인 선물이라는 사실이 드러난다. 일을 그만두고 외부 세계를 잇는 접촉이 끊어진 마리엔탈 노동자들은 시간을 활용해야 하는 물질적이고 정신적인 유인을 상실하고 있다. 이제 어떤 압박도 없기 때문에 새로운 일을 전혀 하지 않으며, 질서 잡힌 생활에서 벗어나 점점 아무 규율 없고 공허한 생활로 빠져든다. 이런 자유 시간 중에서 어느 때를 돌아봐도 별로 언급할 만한 사실을 떠올리지 못한다.

남성들은 혼자나 몇몇이서 몇 시간이고 계속 거리에 서 있는다. 집 담벼락이나 다리 난간에 기대서서 시간을 때운다. 차가 마리엔탈을 통과하면 고개를 약간 든다. 몇 사람은 파이프 담배

표 1 중심가를 걷는 사람들이 멈춘 회수

중심가에서 멈춘 회수	남성	여성	전체
3번 이상	39	3	42
2번	7	2	9
1번	16	15	31
0번	6	12	18
총계	68	32	100

표 2 멈추지 않고 걷는 사람들의 이동 속도

보행 속도(시속)	남자	여자	전체
4.8킬로미터	7	10	17
4킬로미터	8	3	11
3.2킬로미터	18	4	22
총계	33	17	50

를 핀다. 시간이 남아도니까 유유자적하며 대화를 이어간다. 급한 일은 없다. 다들 서두르는 법을 잊어버리고 있다.

정오 무렵이면 시내 통행량이 가장 많아지는데, 중심가의 300미터 정도 되는 길에서 사람들의 움직임을 관찰해보았다. **표 1**은 사람들(100명)이 걸어가다가 멈춰 서는 회수를 집계한 결과다. 남성은 거의 3분의 2가 적어도 두 번은 걸음을 멈췄다. 10명 중 1명만이 멈추지 않고 목적지까지 걸어갔다. 여성은 눈에 띄게 다른 그림을 보여준다. 6분의 1 정도만이 두 차례 이상 걸음을 멈췄다. 여성은 여유 시간이 한결 적다.

우리는 또한 창문 아래 몸을 숨긴 채 손에 시계를 들고 이 한가로운 거리에서 사람들이 이동하는 속도를 측정했다. **표 2**는 상당한 거리를 중간에 멈추지 않은 채 걸어간 50명을 관찰한 보행 속도다. 중심가에서 걸어가는 사람이 100명이면 그중에 30명 정도는 항상 그냥 서성거리고 있어서 평균 이동 속도가 매우 느렸다. 한번은 종종걸음으로 뛰다시피 하는 사람이 있었는데, 알고 보니 마리엔탈에 사는 정신 장애인이었다.

마리엔탈에서 시간은 이중적 성격을 띤다. 시간은 남성과 여성에게 다르다. 남성에게 하루를 시간으로 구분하는 방식은 이미 오래전에 의미를 잃어버렸다. 남성 100명 중에서 88명이 시계를 차고 다니지 않으며, 집에 시계가 있는 사람도 31명뿐이다. 아침에 일어나서 점심을 먹고 잠을 자러 가는 일종의 기준점에서만 시간을 의식한다. 그때 말고는 아무도 어떤 일이 벌어지는지 알지 못한다. 시간 기록표를 보면 이런 사실이 극적으로 드러난다. 33세의 실업자 남성은 다음처럼 어느 하루의 시간 기록표를 작성했다.

오전

- 6~7시: 기상.
- 7~8시: 아이들을 깨워서 학교에 보냄.
- 8~9시: 아이들이 학교에 가면 헛간에 가서 땔감과 물을 가져옴.

- 9~10시: 집으로 돌아오면 아내가 항상 뭘 먹고 싶으냐고 묻기 때문에 질문을 피하려고 들로 나감.
- 10~11시: 그럭저럭 시간을 때우다 보면 점심때가 됨.
- 11~12시: 한 일 없음.

오후

- 12~1시: 1시에 점심을 먹음. 아이들은 그때까지 집에 오지 않음.
- 1~2시: 점심을 먹고 신문을 봄.
- 2~3시: 외출.
- 3~4시: 트레어네 가게에 감.
- 4~5시: 공원에서 나무 자르는 모습을 구경. 공원이 불쌍해 보임.
- 5~6시: 집으로 감.
- 6~7시: 저녁 식사 시간. 국수하고 세몰리나푸딩 먹음.
- 7~8시: 자러 감.

아직 일을 하는 빈의 금속 노동자가 작성한 시간 기록표하고 비교해보자.

오전

- 6~7시: 기상, 세수하고 아침을 먹음.
- 7~8시: 전차를 타고 공장으로 감. 도중에 신문을 봄. 7시 30분에 작업 시작.
- 8~12시: 공장.

오후

- 12~1시: 점심시간 30분. 공장에서 도시락을 먹음.

- 1~4시: 공장.

- 4~5시: 전차를 타고 집에 옴. 신문을 마저 읽고 씻은 다음 차를 마심.

- 5~6시: 소파에 누워 아내하고 이런저런 이야기를 나눔.

- 6~7시: 놀이터에서 노는 아이들을 데려옴.

- 7~8시: 저녁 식사.

- 8~9시: 정당 모임.

- 9~10시: 한 일 없음.

- 10~11시: 집에 와서 잠자리에 듦.

실업자는 하루가 13.5시간인 반면 노동자는 17시간이다. 실업자는 강제로 더 긴 여가 시간을 떠안지만, 노동자가 8시간 근무를 마친 뒤 즐기는 여가 시간은 꼼꼼히 짜여 있으며 비교할 수 없을 정도로 풍부하고 활동적이다. 아이를 깨우는 데 한 시간이 꼬박 걸릴 일은 없다. 트레어네 가게(오후 3~4시를 여기서 보낸다)는 남성이 사는 집에서 고작 3분 거리이며, 오후 5~6시에는 공원에서 집으로 오는데 거리가 270미터 정도다. 그사이에 무슨 일이 일어나는 걸까? 시간 기록표마다 내용이 비슷하다. 미숙련 노동자로 일하다가 지금은 실직 상태인 31세 남성은 다음 같은 데이터를 제공한다.

오전

- 6~7시: 잠.
- 7~8시: 아들을 학교에 데려다줌.
- 8~9시: 기찻길까지 걸어감.
- 9~10시: 집에 있음.
- 10~11시: 집 앞 길모퉁이에 서 있음.
- 11~12시: 식사.

오후

- 12~1시: 잠.
- 1~3시: 피샤 강[1]으로 산책을 감.
- 3~4시: 트레어네 가게.
- 4~5시: 우유를 가지러 감.
- 5~6시: 아들하고 놀기.
- 6~7시: 저녁 식사.
- 7~8시: 취침.

항상 똑같다. 이 실직 노동자는 시간 기록표를 채울 때 몇 가지 '일'만 기억을 떠올릴 수 있다. 기상해서 밥을 먹고 잠자리에 드는 세 가지 기준점 사이에는 아무 일도 하지 않은 틈새들이 있는데, 관찰자에게 이 시간에 관해 뭐라고 설명하기 어렵고 자기 자신도 납득하기가 어려워 보인다. 단지 '그럭저럭 시간을 때우다 보면' 점심때가 된다는 사실을 알 뿐이다. 그리고 이 '그럭저럭 시간을 때우는' 상황을 설명하려 하는 순간 기묘한 설명이 떠올라서 시간 기록표에 적어 넣는다. 5분 넘게 걸릴 수가 없는 행동을 한 시간 내내 한 듯 여긴다. 이렇게 시간 기록표를 채워 넣는 이유는 이 노동자들이 지능이 낮은 탓이 아니다. 이 사람들은 가계부를 작성하는 훨씬 더 어려운 일도 척척 해낸다. 한 실업자는 이제 더는 하루 동안 한 일을 낱낱이 설명할 수가 없다. 앞서 언급한 주요한 기준점을 제외하면, 이름을 떠올리고 나열할 수 있는 다른 활동이라고는 아직 그래도 좀 의미가 있는 몇 가지뿐이다. 아이들 씻기고 토끼 먹이 주는 그런 일들이다.

그 밖의 일어나는 다른 일들은 생활에 어떤 의미도 없다. 몇 안 되는 진정한 활동 사이에, '그럭저럭 시간을 때우다 보면' 점심때가 된다는 설명으로 규정되는 사이 시간에는 그저 아무 일도 하지 않는다. 시간을 쓴다는 의식 자체가 없다. 일어나는 모든 일은 전혀 의도하지 않은 듯 벌어진다. 이런저런 하찮은 일을 참견하다 보면 30분이 훌쩍 지나간다. 워낙 사소한 일이라 미처 의식하지도 못한다. 나중에 이 일에 관해 보고해야 하는 때가 되면 기억이 이미 머릿속에서 까맣게 사라지고 없다. 거리에서 좀 시끄러운 소리가 들리면 밖으로 나간다. 그런데 잠깐 뒤에는 무슨 소리인지 잊어버린다. 그렇다 하더라도 계속 밖에 서서 뭔가 다른 사소한 일이 생기면 발걸음을 움직인다. 31세인 프란츠

---

1 마리엔탈을 가로질러 흐르는 강 — 영어판.

가 어느 날 아침에 한 일에 관한 설명은 이렇게 아무 목적 없이 시간을 때우는 전형적인 사례다.

- 8~9시: 8시에 일어나 세수를 하고 아침을 먹은 뒤 집 앞에 나감.
- 9~10시: 예전 공장 동료가 지나가서 이야기를 나눔.
- 10~11시: 산책하러 나갔다가 친구네 아이들을 만나서 학교와 몬테소리 유치원에 관해 이야기를 나눔.
- 11~12시: 집에 와서 신문 봄.

이 질문지에 추가된 다음 언급을 보면, 노동자들은 이런 식으로 시간을 쓰는 삶이 허무하다는 사실을 의식하고 있다는 점이 드러난다. "실직하면 시간을 어떻게 보내야 할까?" 과거에 관해서는 이렇게 말한다. "전에는 나 자신을 위한 시간이 별로 없었는데도 나를 위해서 많은 일을 했다." "지금은 우리가 실직 상태라 바쁠 일이 전혀 없다."

빈에 사는 금속 노동자가 자유 시간을 쓰는 방식을 떠올리면, '나를 위해서 많은 일을 했다'는 발언의 의미가 특히 분명해진다. 자유 시간이 한정돼 있다는 조건을 알면 누구나 그 시간을 잘 궁리해서 활용한다. 반면 시간이 남아돈다고 느끼면 시간을 활용하려는 노력 자체가 쓸모없어 보인다. 점심 먹기 전에 하는 일은 점심 먹고 해도 되고 저녁에 해도 된다. 그러다 보면 그 일을 하지도 않았는데 어느새 하루가 지나가버린다.

수거한 시간 기록표를 전부 분석해서 전반적인 그림을 그리는 일은 쉽지 않았다. 이 기록표는 하나같이 앞서 설명한 방식으로 작성돼 있어서 우리가 원래 의도한 대로 시간별로 분류할 수가 없었다. 사람들이 한 시간을 오롯이 한 시간으로 경험하지 않는 곳에서 시간별로 기록표를 요약 정리해 봤자 별 의미가 없었다. 결국 우리는 오전과 오후를 각각 하나의 단위로 정해서 각자 주로 어떤 식으로 시간을 보내는지에 따라 규정하기로 했다.

남성들은 대부분 빈둥대며 시간을 보냈다. 앞에서 인용한 표는 전형적이다. 우리는 이런 식으로 할 일 없이 시간을 때우는 방식과, 크게 다른 일이 벌어지지는 않아도 노동자회관에서 한나절을 보내는 방식을 구분한다. 그냥 주변 환경이 다를 뿐이지만 이 구분은 중요해 보인다. 한 남성이 회관에 가려고 마음을 먹고 실제로 간다는 사실 자체가 일정한 목표 지향성, 곧 첫째 그룹에서는 전혀 찾아볼 수 없는 뭔가를 하려는 결심을 가리킨다. 마지막으로, 이따금 집안일을 해야 해서 어떤 일을 하면서 한나절을 보내는 때가 있다. 장작을 패거나 물을 떠와야 하고, 장을 보거나 뭔가를 고쳐야 한다. 40세인 어느 남자는 이렇게 적는다.

오후

- 2~3시: 소파에 누워 신문을 뒤적거림.
- 3~4시: 이웃을 만나 잡담.

- 4~5시: 4시 40분에 토끼를 들여다보고 주방에 물을 가져다 둠.

- 5~6시: 아이들하고 저녁을 기다림.

- 6~7시: 저녁 먹고 아이들은 자러 감.

- 7~8시: 아내하고 대화.

- 8~9시: 8시 30분에 잠자리에 듬.

당장 필요해서 집안일을 돕는다고 해도 시간이 오래 걸리지 않기 때문에 이 한나절은 '할 일 없이 시간을 때우다 간단한 집안일을 하는 것'으로 분류된다. 한나절 동안 집안일을 꽤 많이 하는 경우는 '주요한 집안일'이라고 분류되는데, 다음처럼 적은 35세 남성이 여기에 해당된다.

오전
- 7~8시: 7시에 일어나서 세수하고 아이들을 학교에 데려다줌.

- 8~9시: 토끼 먹이를 주고 토끼장 청소.

- 9~10시: 가게에 감.

- 10~11시: 감자 까고 아내 도와줌.

- 11~12시: 아이들을 데리러 학교 감.

오후
- 12~1시: 점심 식사.

시간 기록표에서 드러나듯 아이 돌보는 일이 과연 아버지의

표 3 남성들이 시간 보내는 방법

	오전	오후
할 일 없이 시간 때움(집에 앉아 있음, 산책, 거리에서 서성거림 등)	35	41
노동자회관(겨울에는 카드놀이나 체스, 날씨가 좋으면 앉아서 잡담)	14	16
할 일 없이 시간을 때우다 간단한 집안일(물 떠오기, 장보기 등)	31	21
주요한 집안일(장작을 구해다 팸, 주말농장에서 일함, 구두 수선 등)	12	15
아이 돌보기	6	5
사소한 일(라디오 듣기, 손쓰는 일 등)	2	2
총계	100	100

시간에서 큰 비중을 차지하는지 의문이 들지만, 그래도 이 활동을 별도 항목으로 정했다. 그렇다고 하더라도 몇몇 시간 기록표를 보면 '아이들하고 산책'이나 '아내가 빨래하러 나간 사이에 5개월짜리 아기를 지켜봄'이라는 말로 한나절 전체를 요약했다.

마지막으로, 살림에는 직접적으로 관계가 없는 다양한 활동으로 하루를 채우는 남성들이 일부 있다. 주로 정당 관계자와 이 범주에 속하는 비교적 소수의 잡역부가 여기에 해당된다. **표 3**을 보면 남자 100명이 대체로 오전과 오후에 어떤 식으로 시간을 보내는지 알 수 있다.

빈둥거리며 소일하는 방식이 기본이다. 6일 동안 노동자회관에 나와 주로 카드놀이와 체스를 하며 시간을 보낸 젊은이들 기록을 보면, 젊은이들도 이렇게 할 일 없이 시간을 때우는 사례가 상당히 많다는 사실을 알 수 있다.

표 4 나이와 노동자회관 이용의 관계

남자	하루 평균 노동자회관에 나오는 수
21세 이하	17명
22~35세	53명
35세 이상	10명
총계	80명

표 5 여성들이 시간 보내는 방법

	오전	오후
집안일	75	42
빨래	10	8
아이 돌보기	6	12
자잘한 집안일(바느질 등)과 하는 일 없이 시간 때우기	9	38
총계	100	100

이 수치를 마리엔탈 전체의 연령 구조에 비교해서 보면, 노동
자회관에 나오는 청소년과 젊은 층의 비율이 높다는 사실이 두
드러진다. 아마 젊은 층이 나이든 축보다 집안일을 잘 돕지 않
는데다가 회관을 중심으로 한 공동체 생활에서 뭔가를 더 많이
얻어서 그럴 듯하다.

마리엔탈에 사는 남성들이 유일하게 꽤 정기적으로 하는 일
은 땔감 모으기, 채소 기르는 작은 주말농장 밭 관리하기, 그리
고 많은 경우에 토끼 돌보기 등이다. 그나마 할 수 있는 농업 생

활로 이렇게 부분적으로 회귀한다는 점에서 마리엔탈에서 살아가는 산업 노동자들은 도시 실업자하고 구분되며, 어느 정도 처지가 나아진다.

마리엔탈의 실직 노동자들이 하루에 몇 시간이나 활동하는지를 확인하기는 쉽지 않다. 직접 관찰하는 방식이 불가능하고 정보를 충분히 확보하지 못하기 때문이다. 오랜 시간을 침대에서 보내는 행동은 연료가 부족한 겨울철에는 쉽게 이해가 되지만 어쨌든 확실히 부끄러운 일로 여겨진다. 우리가 들을 수 있는 정확하지 않은 개인적 발언들을 근거로 우리는 남성은 하루 평균 깨어 있는 시간이 13시간이고 여성은 14.5시간이라고 추산했다.

'실업자'라는 용어는 엄격한 의미에서 남성들에게만 적용된다. 여성은 실업자가 아니라 단지 무급이기 때문이다. 여성은 살림을 꾸리는 일만으로도 하루를 전부 써야 한다. 여성들이 하는 일은 목표가 분명하며, 정해진 작업과 기능, 의무가 많아서 매일 반복해야 한다. 여자 100명이 주로 하는 일을 정리한 **표 5**를 보면, 남성에 견줘 오전과 오후 시간을 얼마나 다르게 쓰는지가 드러난다.

한 여자가 보낸 하루에 관한 전형적인 설명은 다음 같다.

오전

- 6~7시: 옷 입고 불을 피운 다음 아침 식사 준비.
- 7~8시: 세수하고 준비를 한 다음 아이들 옷을 입히고 학교에 데

리고 감.

- 8~9시: 설거지를 하고 장보기.

- 9~10시: 방 청소.

- 10~11시: 식사 준비 시작.

- 11~12시: 조리를 끝내고 점심 식사.

오후

- 12~1시: 설거지를 하고 주방 정리.

- 1~2시: 아이들을 유치원에 데리고 감.

- 2~5시: 바느질과 양말 깁기.

- 5~6시: 아이들 데리고 옴.

- 6~7시: 저녁 식사.

- 7~8시: 아이들 옷을 벗기고 씻긴 다음 재움.

- 8~10시: 바느질.

- 10~11시: 잠자리에 듦.

따라서 여자들은 하루 종일 쉴 새 없이 일을 한다. 밥과 빨래, 바느질을 하고, 아이를 돌보고, 꼼꼼히 가계부를 쓰고, 집안일을 하느라 여가 시간이 거의 없다. 자원이 부족한 때라 집안일이 더욱 어려워진다. 실직한 남성과 그 사람의 부인에게 시간의 의미가 다르다는 사실은 이따금 벌어지는 사소한 충돌에서 여실히 드러난다. 한 여성은 이렇게 말한다.

지금은 전에 견줘 하는 일이 한결 줄었지만, 사실 하루 종일 바쁘고, 잠시도 쉴 새가 없다. 전에는 애들 옷을 사 입힐 수 있었다. 지금은 하루 종일 옷을 수선하고 기워서 그나마 멀쩡해 보이게 만드느라 바쁘다. 남편은 나보고 무슨 일이 그렇게 끝이 없냐고 핀잔을 준다. 다른 여자들은 거리에서 잡담하는데 나는 온종일 일을 해도 끝이 나지 않는다는 말이다. 남편은 남부끄럽지 않게 항상 아이들 옷을 수선하는 일이 얼마나 어려운지 하나도 모른다.

다른 여성이 하는 말을 들어보자.

요즘은 점심때마다 싸움이 벌어진다. 전에는 시계처럼 시간을 지키던 남편이 요즘은 제시간에 식탁에 앉는 법이 없기 때문이다.

따라서 남성들은 몇 안 남은 정해진 시간도 별로 지키지 않는다. 세상에 딱히 해야 하는 일이 아무것도 없는 까닭에 시간을 준수하는 게 의미가 없기 때문이다.

여성들이 일하는 모습을 보면, 공장에서 8시간을 일하고 덤으로 이 모든 일을 해치운 사실을 좀처럼 믿기 어렵다. 집안일이 점점 어려워지고 시간도 많이 필요해진다고 해도, 전에는 순수한 물리적 노력을 더 많이 투입해야 했다. 여성들은 이 사실을 잘 알고, 실제로 이야기하기도 한다. 자기 생활에 관해 이야기할 때마다 공장에서 낮에 일하고 나서도 집안일 때문에 밤늦

도록 잠자리에 들지 못한 사정을 설명하는 말이 빠지지 않는다. 그렇지만 이렇게 말하면서도 거의 전부가 다음 같은 문장을 덧붙인다. "다시 공장 일을 할 수만 있으면 좋겠어요." 순전히 경제적인 이유에서도 이런 소망이 이해가 되지만, 단지 돈 때문에 하는 말은 아니라는 부연 설명이 항상 따라붙는다.

다시 공장으로 돌아갈 수 있다면 인생에서 가장 행복한 날이 될 거예요. 꼭 돈 때문에 그런 게 아니에요. 혼자 집 안에만 틀어박혀 있으려니까 신짜 사는 게 사는 게 아니랍니다. (A 부인, 29세)

공장에 다니던 때보다는 지금이 그래도 일이 편하죠. 전에는 살림 하느라 밤잠을 절반도 못 잤는데, 그래도 그때가 좋더라고요. (R 부인, 28세)

전에는 마리엔탈에 사는 게 참 좋았어요. 공장에 나가기만 해도 기분 전환이 되더군요. (M 부인, 32세)

공장이 문을 닫은 뒤로 사는 게 훨씬 힘듭니다. 오늘 밥은 뭘 해야 하나 생각만 해도 머리가 지끈거려요. 맨날 돈이 쪼들리니, 원. 하루 종일 집 안에 죽치고 앉아서 아무데도 나가지를 않죠. (S 부인, 37세)

할 수만 있으면 당장이라도 다시 방직 일을 하고 싶죠. 일하던 때가 정말 그리워요. (P 부인, 78세)

따라서 여성들은 단지 경제적인 이유만이 아니라 일이 더 힘들어지는데도 다시 공장 일을 하고 싶어한다. 공장은 생활 영역을 넓혀줄 뿐만 아니라 지금 그리워하는 사회 계약도 제공했다. 그렇지만 여성들의 시간 감각이 남성들하고 같은 방식으로 망가지고 있다는 증거는 전혀 없다.

마지막으로, 다시 한 번 마리엔탈 전체를 살펴보면서 우리는 전반적인 시간 리듬에 변화가 있다는 사실을 알아챘다. 일요일과 공휴일은 의미를 많이 잃었다. 이를테면 도서관 사서는 다른 곳처럼 마리엔탈에서도 예전에는 일요일과 공휴일에 도서가 특히 많이 대출됐지만, 요즘은 이런 정기적인 증가를 감지하기 어렵다고 말한다. 2주마다 나오는 실업 급여가 마리엔탈의 리듬을 지배한다. 이날이 예전에 일요일과 월말이 하던 구실을 떠맡고 있다. 오직 아이들만 일주일 주기를 상당히 고수하는데, 나머지 가족들도 영향을 조금 받는다.

다른 한편, 계절 변화는 더욱 실감나게 느껴진다. 조명과 난방이 필요 없어지고, 주말농장에서 작물을 수확하면 한시름 덜고, 임시로 농사일을 할 수 있기 때문이다. 원래는 산업 노동자의 살림에서 별로 의미가 없던 일들이다.

따라서 도시 전체와 개인의 생활 패턴을 보면, 마리엔탈 사람들은 좀더 원시적인, 별로 구분되지 않는 시간 경험으로 돌아간 듯하다. 새로운 상황은 이제 정해진 시간표에 들어맞지 않는다. 요구와 활동 면에서 빈약해진 생활은 점차 마찬가지로 빈약한 시간표를 만들어내기 시작했다.

줄어드는 회복력

지금까지 우리가 머문 시기에 마리엔탈이 놓인 상태를 설명했다. 그렇지만 시간 감각이 바뀐 사람들이 그런 변화를 더는 눈치채지 못한다 할지라도 한 달 두 달 시간은 흘러가고 삶을 여전히 떠받히는 토대는 점점 걷잡을 수 없이 무너지고 있다. 문제는 이런 삶이 얼마나 지속될 수 있는가다.

우리는 현재, 이를테면 역사의 짧은 한 순간만을 본 탓에 이 질문에 직접 답을 할 수 없다. 그렇지만 마리엔탈에 머무를 때 우리를 끊임없이 괴롭힌 진정한 질문은 바로 이런 장기적 상황 전개를 통해 제기된다. 물론 우리는 미래 자체를 예측할 수 없지만, 우리 앞에 펼쳐진 단면 속에 이미 들어 있는 몇 가지 역동적 징후를 파악했다.

그렇지만 우선 다시 과거를 잠시 들여다보자. 1929년에 공장이 문을 닫으면서 뚜렷한 충격을 미친 듯하다. 갑자기 사람들의 삶이 완전히 바뀌었다. 처음에 여성들은 어쩔 줄을 몰랐다. 어떻게 생활비를 관리해야 했을까? 갑자기 4분의 1로 줄어든 소득으로 어떻게 살림을 꾸릴 수 있을까? 지금은 많은 여자들이 실업 급여를 아껴 쓰는 법을 터득했지만, 실업 사태 초기만 해도 빚을 미처 갚지 못한 채 또 빚을 졌다.

한 여성이 우리에게 한 말이다. "마지막 월급봉투를 받아서 남편한테 주려고 비싼 손수건을 세 장 샀습니다!" 지금 이 여성은 실소를 한다. 정말 쓸데없는 물건을 산 때문이다. 이 여성들 중 어느 누구도 처음에는 자기들이 모두 똑같은 곤경에 빠진 사실을 알지 못했다. "처음에 실업 사태가 시작될 때 제 남편만 일자리를 못 찾는 줄 알아서 계속 나가서 직장을 좀 알아보라고 등을 떠밀었죠."

처음에 남성들은 집에 죽치고 앉아서 멀뚱멀뚱 구경만 하는 생활은 도저히 견디지 못하리라고 생각했다. 실업 초기 몇 달 동안 지원서를 130통 보낸 남성이 기억난다. 올해 그 사람은 지원서를 한 통도 쓰지 않았다. 지금은 우표 사는 데 나가는 돈이 더 걱정되기 때문이다. 지금은 상황이 훨씬 나빠졌다. 물자 공급은 동이 났고, 비축 생필품은 바닥이 났고, 옷은 전부 해지고, 실업 급여는 계속 줄어들고, 많은 사람들이 그동안 받던 모든 지원이 끝이 났다. 그렇지만 오히려 처음에 보인 반응이 다들 절망적이고 비이성적이었다.

연극 클럽 회장은 말했다.

1929년에 우리는 겨우 네 작품을 상연했습니다. 그 시절에는 사람들이 불안에 사로잡힌 상태였죠. 모두 갑자기 꼼짝없이 굶어 죽겠다고 생각했으니까요. 지금은 다들 익숙해진 상태입니다. 1930년에는 자그마치 열 편을 상연했어요.

처음 몇 달 동안 이제 돌이킬 수 없고 아무 희망도 없다는 느낌이 경제적 빈곤 자체보다도 훨씬 더 사람을 마비시키는 효과를 발휘했다. 레슬링 클럽이 해체했다가 이듬해 다시 재건됐다. 노동자 축구 클럽도 같은 일을 겪었다. 한 해에 문을 닫았다가 다음해에 다시 열었다.

시간이 흐르면서 충격파가 약해지기 시작했다. 앞에서 살펴본 대로 점차 생활이 실업 사태 초기 몇 주 동안 사람들이 한 예상보다는 그나마 좀 나은 수준으로 안정됐다. 그런데 이런 결정적인 질문이 제기된다. 과연 **계속** 안정적일까?

우리가 모은 데이터 중에 무엇이 이 질문에 답하는 데 도움이 될까? 우선 경제 상황은 계속 나쁜 쪽으로 바뀌는 중이다. 실업급여법이 직접적으로 낳은 결과다. 일정한 시간이 지나면 실업급여 대신 긴급 지원을 제공하는데, 이 긴급 지원도 점차 줄어들어 결국 중단될 수 있다. 그렇지만 실업 급여나 긴급 지원의 축소가 경제 상황을 악화시키는 유일한 원인은 아니다. 이 과정은 모든 물건이 닳고 해지기 때문에 더욱 속도가 빨라진다. 마리엔탈은 어느 집이든 간에 꼼꼼하게 생활비를 짜는데, 새 물건을 사거나 심지어 고칠 비용도 없다. 구두와 옷을 아무리 수선해서 신고 입어도 마침내 더는 고칠 수 없는 순간이 오게 마련이다. 그릇이 깨져도 새 그릇을 살 수가 없다. 집에 환자라도 생기는 날에는 온 가족이 빚더미에 올라앉는다.

이렇게 물건이 닳고 해져도 초창기에는 큰 혼란이 일어나지 않은 이유는 사람들이 공장에서 일할 때 거의 공짜나 다름없는 헐값으로 여러 재료, 특히 옷감을 사다가 집에 잔뜩 쟁여둔 때문이었다. 지금도 많은 집에 자투리 옷감이 남아 있어서 필요하면 요긴하게 쓸 수 있다. 물론 아이들 옷이 가장 많이 해졌는데, 기우는 데 쓸 옷감이 없으면 부모는 아직 번듯해서 입을 만한 자기 옷을 가져다가 뜯어서 아이들 외투나 옷가지를 만들었다. 대표적인 세 가구를 상대로 의류 조사를 한 결과 드러난 대로 속옷이 심각하게 부족하다. 수건과 침대보는 상대적으로 덜 닳는다. 결혼 선물로 받아서 별로 쓰지 않은 레이스 달린 베개가 아직도 남아 있다. 그렇지만 요즘 많은 여성들은 이미 침대보를 가지고 아이들 옷을 만드느라 분주하다.

우리가 자세한 데이터를 확보한 세 가구에서 아이들은 어른보다 옷 사정이 더 좋았다. 여자들은 곧바로 답을 내놓는다. 어떤 자선 행사(공공이나 민간)든 간에 아이들이 맨 먼저 혜택을 받기 때문이란다. 게다가 어른 옷은 애들 옷으로 바꿀 수 있지만, 그 반대는 불가능하다. 그리고 마지막으로 어느 집이든 아이들부터 챙긴다. 따라서 어린이들의 복장 상태는 비교적 단정한 반면 어른들은 최소한의 옷가지도 없는 사례가 많다. 세 가구의 물품 목록 중 하나에서 세부 내용을 뽑아봤다.

363번 가구: 남편, 부인, 자녀 다섯 명

의류: 소년용 셔츠 11벌(6벌은 부인이 남편의 낡은 셔츠를 뜯어서 만듦), 소년용 팬티 8벌, 니트 팬티 6벌, 니트 러닝셔츠 4벌, 아기용 셔츠와 우주복 18벌, 손수건 6개, 남성용 조정 조끼 1벌, 소프트칼라[1] 12개, 레이스가 달린 흰색 속치마 2벌(하나는 뜯어서 다른 옷으로 만드는 중), 여성용 블라우스 1벌, 여성용 니트 팬티 한 벌.

주방에는 포크 세 개와 나이프 한 개뿐이다. 이 가족은 고기를 먹은 지 여러 주가 지난 탓에 포크와 나이프가 부족해도 별 문제가 없었다. 도기로 만든 수프 냄비가 얼마 전에 깨져서 소스팬을 대신 사용하고 있었다. 그런데 이 소스팬도 18년째 쓰는 바람에 숱하게 땜질을 했다. 지금도 어딘가 새는데 또 땜질을 할 수 있을지 의심스럽다.

경제 상황이 악화되는 가운데 마리엔탈 사람들이 보이는 태도는 어떻게 바뀔까? 앞서 기본적 태도에 따라 주민을 분류한 네 가지 범주를 다시 살펴보는 편이 유용할 듯하다. **표 1**은 각 범주의 단위 소비자당 평균 수입이다.

---

1 칼라 없는 셔츠에 단추로 연결해 단다 — 영어판.

표 1 빈곤에 맞선 태도와 평균 수입

		한 달 수입
온전		34실링
체념		30실링
절망	망가진 상태	25실링
냉담		19실링

표 2 어린이의 건강과 일하는 아버지의 관계

어린이의 건강 등급	아직 일하는 아버지의 비율
좋음	38%
평균	9%
나쁨	0%

이 표는 한 가족의 태도와 경제 상황 사이의 연관성을 보여 준다는 점에서 중요할 뿐만 아니라 또한 어느 시점에서 수입 악화 때문에 가족이 아래 범주로 밀려나게 되는지를 대략 예측하는 데도 도움이 된다. 4장에서 우리는 이 네 태도 그룹의 기본적 차이를 요약했는데, 한 달에 5실링[2] 정도의 차이가 아직 설탕을 쓸 수 있는지, 아니면 사카린으로 음식을 해야 하는지, 또는 아이들 신발을 수선할 수 있는지, 아니면 신발이 없어서 아이들을 학교에 보내지 못하는지, 또는 가끔 담배를 피울 수 있는지, 아니면 거리에서 꽁초를 주워야 하는지의 차이라는 사실을 안다. 그렇지만 이 차이는 또한 온전한 상태, 체념한 상태, 절망한 상

태, 냉담한 상태의 차이를 의미한다.

이 수치는 마리엔탈이 아닌 지역에서는 아무 의미가 없을지 모른다. 모든 사람이 같은 시기에 일자리를 잃지 않은 곳에서는 아직 소득 수준이 높은 초기 단계부터 태만과 절망이 자리를 잡을 수 있다. 주변 세계에 비교해서 보면 분위기와 태도라는 문제를 설명하는 데 도움이 될 듯하다.

따라서 경제 상황 악화는 지역 전체의 분위기에서 이루 헤아릴 수 없는 변화를 수반한다. 학생들의 검진 기록이 가정의 경제 상황에 관련이 있다는 사실이 분명히 드러나듯이, 소득과 건강 사이에도 밀접한 관계가 있어 보인다. **표 2**는 학생들의 건강 상태를 좋음, 평균, 나쁨으로 분류한다.

건강 상태가 좋은 아이들을 보면 아버지의 38퍼센트가 아직 일을 했다. '나쁨' 등급의 아이들은 아버지가 전부 실직 상태였다. 실업이 신체적 저항력을 훼손하는 사례다.

사람들은 점점 직업과 노동의 전통에서 단절되며, 대신에 실업자라는 새로운 직업을 얻었다. 이번에도 가장 먼저 실망하는 집단은 젊은이나 노년층이 아니다. 젊은이들은 이제 막 끝낸 수습 기간이 아직 머릿속에 생생하게 남아 있고, 노인들은 직업의 전통이 가슴 깊이 새겨져 있기 때문이다. 노동의 전통과 정신을

---

2 구매력을 기준으로 그때의 5실링은 약 2달러(1971년 기준)에 해당한다는 점을 유념해야 한다 — 영어판.

표 3 시간 기록표에 직업을 적는 방식

자기 직업을 말함	25%
'현직'이라고 덧붙이며 자기 직업을 말함	23%
'실업자'라고 씀	52%
총계	100%

잃어버릴 위험이 가장 큰 집단은 중년 남성 그룹이다. 중년 남성들은 이미 1차 대전 때문에 일하던 직장에서 분리되는 경험을 겪은 때문이었다.

우리는 아주 우연한 기회에 이런 변화를 보여주는 증거를 입수했다. 우리는 마리엔탈에서 나눠준 시간 기록표 윗부분에 연령과 성별, 직업을 밝히게 했다. 직업에 관한 응답은 **표 3**을 보면 된다.

추가 설명이 없이 직업을 밝힌 이들 중에서 절반이 얼마 전에 수습 기간이 끝난 반면, 그 그룹의 나머지 사람들은 대부분 50세 이상이었다. 21~50세는 10분의 1 정도였다. 시간이 흐르면서 예전 직업에 연결된 일체감을 버리는 집단은 바로 중간 연령 그룹이다. 이 사람들은 점차 다른 모든 이들하고 구별되는 실업자라는 하나의 계급이 된다. 이런 사회심리적 현상의 전반적인 의미와 복잡성은 상황이 좀 안정돼야 분명해질 듯하다.

실업자 개인의 미래에 주요한 함의를 지닌 질문의 하나는 실업이 개인적 관계에 어떤 영향을 미치는가 하는 물음이다. 앞서 우리는 정치적 열정이 가라앉고 개인적 악감정은 커지는 과정을 살펴봤고, 특히 어린이들에게 가슴 뭉클할 정도로 도움을 주려는 마음을 보여주는 증거도 확인했다.

실업이 가족 안의 관계에 미치는 영향에 관한 지식을 우리는 주로 여성들을 만나 나눈 대화에서 얻었다. 우리는 이런 출처 자체가 전체적인 그림을 보여주지는 않는다는 사실을 안다. 여성들이 한 발언은 어떤 가족 안에서 벌어지는 특정한 사건들 때문에 나오는 경우가 많기 때문이다. 우리가 오랜 기간 동안 가정생활을 직접 관찰하면 더 나은 증거를 모을 수 있었다. 그렇지만 그런 일은 불가능했다. 그렇다고 하더라도 이런 특정한 사례 보고에서도 취할 요소가 있다. 여성들이 생각할 때 보고할 만한 가치가 있는 사례를 선별한 결과이기 때문이다. 우리는 아무런 결론을 내리지 않은 채 몇 가지 가능성만을 지적하려 한다.

몇몇 사례에서 실업 때문에 부부 관계가 좋아졌다. 이를테면 앞에서 말한 한 가정에서는 새로운 상황 때문에 남편이 음주를 포기할 수밖에 없었다. 또한 부인이 남편한테 무시당한다고 느끼던 가정에서는 이제 남편이 집에 있는 상황 자체로 만족감을 느낀다. 한 여자는 이렇게 말한다.

대체로 남편이 실직한 지금 오히려 사이좋게 잘 지낸다. 남편이 집안일을 돕고 아이들을 돌보기 때문이다. 첫아이 때는 지금 애들한테 하듯이 그렇게 좋은 사람은 아니었다.

부인 쪽에서 이미 관계를 개선하려는 생각을 하는데, 부부가 곤경에 빠지다 보니까 남편 쪽에서 장애물이 제거돼 잠재적인 관계 회복이 강화된 인상이 풍긴다.

다른 한편 전에는 아주 평범하게 이어지던 부부 관계에서 새롭게 나타난 압박 때문에 신경이 곤두서고 이따금 다툼이 벌어지기도 한다. 어느 실직 노동자가 실직 초기부터 꾸준히 쓴 일기에서 대표적인 사례를 볼 수 있다. 일기를 보면 새로운 긴장 상태와 사소한 갈등 때문에 부부 관계에 그늘이 드리우지만, 그래도 상대방을 향한 기본적인 이해가 무너지지는 않은 사실이 드러난다. 둘 다 제삼자에게 이야기할 때 상대방을 향해 더없는 존중과 애정을 드러낸다. 여기 실업 사태가 막 시작되고 몇 주 지나지 않아서 쓴 일기가 있다.

마르타하고 숲에 가서 땔감을 주웠다. 인생에서 가장 좋은, 유일한 진짜 친구는 좋은 아내다.

며칠 뒤에는 이렇게 썼다.

더없이 충실한 인생의 동반자 마르타가 모든 사람이 본받을 만한 훌륭한 일을 이제 막 끝냈다. 65그로셴을 가지고 어른 세 명과 아이 네 명이 먹을 저녁 식사를 차렸다.

몇 주 뒤의 일기.

나는 입을 다물어야 하지만 마르타는 벌써 마음이 흔들리는 모양이다. 오늘은 실업 급여 받은 날이다. 가게 외상값을 갚고 나니 정말 몇 푼 남지도 않았다. 집 안이 쥐죽은 듯 고요하고, 사소한 일에도 분위기가 이상해진다. 아내는 잘 자라는 말도 없다.

며칠 뒤의 일기.

이제 우리는 거의 남남이다. 서로 눈에 띄게 굳어지는 느낌이다. 시절이 수상한 게 내 탓인가, 입 닥치고 내가 모든 비난을 받아야 하나???

178번 가구도 똑같은 상황을 보여주는 사례다. 부인은 이렇게 말했다.

요즘은 집에서 가끔 싸우는데, 자잘한 다툼이다. 주로 아이들이 싸돌아다니다가 엉망진창이 된 신발로 돌아올 때 싸움이 난다.

마지막으로 실직 때문에 가족 관계가 심각하게 망가진 사례가 있다. 그렇지만 자세히 들여다보면 애당초 부부 관계가 좋지는 않은 사실이 드러난다. 가난이 준 압박 때문에 신경이 곤두서는 상황에서 관계가 결정적으로 악화된 탓인지도 모른다. 한 부인은 이렇게 말했다.

남편이 이제 손가락 하나 까딱 안 하고 집 밖으로만 나도니까 자주 싸우게 된다. 실업자가 되기 전에는 공장에 나가면 기분 전환이 되기도 하니까 그렇게 사이가 나쁘지는 않았다.

셋째 여성은 남편이 술을 마시고 자기를 괴롭힌다면서 이렇게 덧붙였다.

사는 게 힘드니까 부부 싸움이 잦아졌다. 신경이 곤두서다 보니 인내심이 바닥난 모양이다.

전반적으로 보면, 실업 때문에 부부 관계가 좋아진 사례는 대단히 예외적이다. 대체로 부부 관계가 행복한 경우에 사소한 다툼이 전보다 더 많아지는 듯하다. 이미 흔들리는 부부 관계는 어려움이 더욱 심해지고 있다. 따라서 부부 관계에 이미 잠복해 있는 경향이 외부 상황 때문에 강화된다.

부모와 자녀의 관계는 의료 상담하고 통합해 진행한 학부모 상담 시간을 거쳐 밝혀졌다. 마리엔탈 아이들이 다른 지역보다 문제아가 많다는 인상은 받지 못했으며, 교사들도 이 사실을 확인했다. 전형적인 고충은 아이들이 축구를 하거나 뛰어놀면서 신발이 남아나지 않는다는 점이었다. 상담 시간과 직접 관찰을 모두 거쳐 우리는 어쨌든 부모의 권위가 손상되지는 않은 인상을 받았다. 가정은 실업 사태가 시작되기 전처럼 좋은 쪽이든 나쁜 쪽이든 계속해서 교육적 기능을 수행한다. 따라서 개인적 관계는 노동이나 사회 제도하고 맺는 관계보다는 회복력이 더 좋다는 점이 드러났다.

이제 보고서의 막바지로 향해 가는 중이다. 우리는 마리엔탈 사람들이 활용할 수 있는 물질적 자원과 그 사람들이 이 자원을 처리하는 방식을 꽤 정확하게 조사할 수 있었다. 또한 경제적 압박이 점진적이면서도 가차없이 고조되는 모습도 봤다. 우리는 이런 압박이 미치는 영향과 실업자들이 그 영향에 대처하는 방식을 추적했다. 실업자들은 생활에 관련된 요구가 계속해서 줄어들고 있으며, 여전히 참여하는 행사와 단체도 축소되는 중이다. 그나마 남은 에너지는 이렇게 좁아진 생활 영역을 지키는 데 온통 집중된다.

우리는 사람들의 시간 감각이 무너지며 하루가 지나가는 데 질서를 부여하는 시간의 가치가 사라지는 모습 속에서 이런 축소 과정에 특유한 조짐을 발견했다. 오직 개인적 관계만이 영향을 받지 않은 듯했다. 우리는 네 가지 기본적 태도를 구분했다. 가장 우세한 태도는 **체념**이고, 좀더 활동적인 태도는 **온전**이라고 지칭했으며, 사람을 무너트리는 형태에는 **절망**과 **냉담**이라는 이름을 붙였다. 지금 와서 이 두 형태를 돌아보면, 경제적 자원의 협소화와 개인적 소유물의 마모하고 나란히 진행되는 심리 상태의 악화 과정을 구성하는 두 가지 다른 단계일 뿐으로 보인다. 이 과정의 마지막에는 파멸과 절망이 자리한다.

다음 구절은 파국 직전의 최종 단계를 보여주는 전형적인 가정을 방문한 때 받은 인상을 설명한 부분이다. 마리엔탈을 조사할 때 가장 극한까지 경험한 사례다.

우리는 일요일에 우리를 맞이할 준비가 전혀 돼 있지 않은 가족을 방문했다. 집에 들어서자마자 이런 광경이 펼쳐졌다. 아버지는 낮은 의자에 앉은 채 지붕용 펠트천으로 아이들의 해진 신발을 고치려 펼쳐놓고 있었다. 스타킹을 신은 아이들은 상자 위에 꼼짝 않고 앉아서 신발 수선이 끝나기를 기다렸다. 아버지가 당황하면서 사정을 설명했다. "알다시피 일요일에 늘 하는 일이죠. 일요일만 되면 신발을 기워야 애들이 월요일에 다시 학교를 갈 수 있으니까요." 그러면서 큰아들이 신는 낡아빠진 신발을 들어보였다. "이거 어떻게 고쳐야 될지 전혀 모르겠네. 휴일이면 애가 아예 집 밖을 못 나가요."

우리는 살림을 찬찬히 들여다봤다. 무척 깨끗하고 잘 관리되는 모습이었다. 부인과 아이들 옷은 얼룩 하나 없었다. 남편은 닳아빠진 셔츠에 여기저기 기운 바지 차림이었다. 가재도구를 조사하니 이 정도가 남편이 가진 전부였다. 재킷과 다른 바지, 외투는 오래전에 아이들 외투와 바지를 만들고 없었다. 남편은 말한다. "나야 밖에 나갈 일이 없지만 애들은 학교에 가야 하니까요." 이렇게 줄어들 대로 줄어든 물건을 아주 깔끔하게 정리해놓고 있었다. 아이들이 입는 셔츠는 끈으로 한데 묶었고, 여름옷은 낡은 식탁보에 싸서 잘 보관했다. 분명히 물건마다 다 제자리가 있었다. 벽, 찬장, 서랍장까지 사방에 나무 상자가 있는데, 그 안에 모든 물건을 깔끔하게 정리했다. 상자마다 안에 든 내용물 이름이 적혀 있었다. 문 옆 열쇠걸이에는 갖가지 열쇠가 걸려 있는데, 열쇠마다 꼬리표를 붙여놓았다.

막내 아이가 우리 관심을 끌었다. 얼굴에 열꽃이 피고 퉁퉁 부은데다가 코 주변이 잔뜩 부풀어 있었다. 입을 벌린 채 숨을 헐떡였다. 부인이 사정을 설명했다. "애가 항상 감기를 달고 산답니다. 편도선을 제거해야 하는데, 병원까지 갈 차비도 없어요. 병원에 입원시키고 나중에 다시 데리고 와야 하는데, 그러면 왕복 두 번을 해야 하죠. 봄이 오면 병원에 가볼까 해요." 다른 아이 하나도 늑막염 때문에 빈의 병원에 오래 있다가 얼마 전에야 집으로 온 사실을 알게 됐다. 의사와 간호사들이 준 선물을 잔뜩 안고 돌아왔단다. 이 여자애는 옷도 종류별로 다 가지고 왔는데, 몇 개는 벌써 동생한테 물려줬다. 다른 아이는 이웃집에서 일주일에 세 번 점심을 얻어먹고 있었다.

남편은 요 며칠간 사정이 너무 나빠졌다고 말했다. 그동안 겨우 빵만 살 수 있었는데, 그런 정도는 충분하지 않았다. 아이들은 툭하면 주방에 와서 먹을거리를 달라고 했다. 항상 굶주린 상태였다. 부인은 주방에 앉아 울음을 터트렸다. 그래서 남편이 마을 서기를 찾아가니, 서기는 동계 지원 캠페인을 진행하고 남은 밀가루 한 봉지를 줬다. 다음에 받을 실업 급여도 3실링을 선불로 받았다. 하마터면 일요일에 쫄쫄 굶을 뻔했다.

그렇지만 외부 상황에 미처 예상하지 못한 변화가 일어나지 않는다고 가정하더라도 앞으로 어떻게 될지 짐작할 수 없다. 두 가지 가능성이 있다. 상황이 나빠지면서 마리엔탈에서 어떤 세력이 등장해 폭동이나 이민 같은 전혀 새로운 사태로 이어질지 모른다. 그렇지만 역경에 직면해서 마리엔탈 사람들을 한데 묶어주는 연대감이 언젠가 사라지고 각 개인이 자기만 살려고 앞다퉈 경쟁할 수도 있다.

첫째 사태는 우리의 예측 범위를 완전히 벗어난다. 그렇지만 둘째 경우에 우리는 중요해질 수 있는 질문 하나에 어느 정도 기여할 수 있다. 한 개인의 생애사는 실직한 상태에서 그 사람의 저항력에 어떤 영향을 미칠까? 과거의 경험과 현재의 태도는 어떤 연관성이 있을까?

62명의 생애사를 토대로 우리는 실업 이전의 행동과 실업 상태의 행동을 비교했는데, 그 결과를 요약하자면 다음 같다.

우선 현재 우리가 체념 상태로 규정한 태도를 드러내는 한 부부의 생애사를 살펴보자. 살림은 별 문제가 없고, 부인은 조용하면서도 호감 가는 사람이며, 살림에 자부심을 지닌 좋은 어머니다. 남편은 생활 수준을 상당히 낮췄다. 이제 술집도 가지 않고, 가끔 노동자회관에 들를 뿐이다. 미래 계획은 전혀 없지만, 지금도 계속 일자리를 찾아보는 중이다.[3]

남편 J. T.는 1876년 모라비아에서 태어났다. 십 남매 중 남편하고 남동생 한 명만 살아 있다. 그라마트노이지들에 있는 학교를 8년 다녔는데, 그림 수업을 가장 좋아했다. 목수가 되고 싶은데 취직을 하지 못해서 방적 공장에 들어가야 했고, 거기서 3년 일했다. 그렇지만 방적 일에 영 재미를 붙이지 못해서 미테른도르프로 갔다. 1894년 공장이 불타서 4개월 동안 공장 재건 일을 하면서 콘크리트 까는 작업을 했다. 그때 동생은 이미 이민을 가 있었다. 동생이 부러워서 자기도 이민을 가고 싶었다. 그때 어떤 목수가 이민을 떠나면서 같이 가자고 했는데, 어머니만 혼자 남겨두고 떠날 수가 없었다. 그래서 결국 지금까지 아무데도 가지 못했고, 오늘도 해외에 사는 동생을 부러워한다.

그러다가 마리엔탈로 와서 엔진 건물 짓는 일을 도왔고, 처음에는 방적 공장 조수로 시작해서 기계관리부 차장까지 승진했다. 젊은 시절에는 밖에서 놀기를 좋아했는데, 10~12명이 몰려다니면서 즐겁게 놀았다. 신문 말고는 책 같은 글자는 안 읽었고, 스포츠

---

3 이 생애사는 대부분 속기로 적은 이야기 그대로 서술된다. 우리는 대개 주인공들이 계속 말하게 하면서 긴 기간을 그냥 건너뛸 때 가끔 간단한 질문을 하는 식으로 개입할 뿐, 이야기가 끝날 때까지 심각한 질문은 던지지 않는다.

에도 관심이 없었다. 1914년부터 1916년까지 엔진 부문에서 일했는데, 공장이 문을 닫자 인근 브루크에 있는 통조림 공장에서 일했다. 공장에서 기계에 관해 조금이라도 아는 유일한 사람이라고 알려져서 선임 기계공이라는 좋은 자리에 올랐다. 1919년에 잠시 실직했는데, 얼마 뒤에 제당 공장에 취직했다. 4개월 뒤 미테른도르프로 가서 목재 야적장에 속한 창고에서 일했다. 몇 주 뒤에는 기계에 관심이 많은 사람이라는 사실이 알려져서 중앙 가열실로 자리를 옮겼다.

거기서 4개월 머무르다가 마리엔탈 공장으로 돌아와서 1920년까지 터빈 관리 일을 했다. 방적 공장이 가동을 시작하자 1928년까지 거기서 기계공으로 일했다. 언제나 기계가 주요 관심사였다. 혼자서 책도 보지 않고 공부한 기계 지식을 아주 자랑스러워했고, 그 덕분에 항상 좋은 일자리를 얻었다.

1900년에 첫 아이가 태어나기 직전에 결혼했다. 무도장에서 만난 부인하고 4년 동안 사귀었고, 부부 사이가 아주 좋았다. 지금은 28세, 26세, 17세, 14세 등 아이가 넷이다. 열네 살짜리는 좋아하는 것은 무엇이든 배울 수 있다. 뭐든 배우는 게 중요하다. 지난해에 어머니가 빈에 있는 가게에 데리고 갔는데, 가게 주인이 아이를 수습 점원으로 맡기라고 했다. 결국 학교를 마치는 대로 보내겠다고 약속했다. 아버지는 뭔가 성과가 있기를 바랐다. 실직한 뒤에는 하천 정비 사업에서 3개월, 학교 건물 짓는 데서 4개월, 마네르스도르프에서 5개월 일했다. 미래에 관련된 계획은 없고, 젊은 세대에 희망을 건다.

전염병에 오염된 장소를 소독하는 일을 해서 따로 돈을 몇 푼 벌었다. 예전에는 뻔질나게 술집을 드나들었다. 그때는 돈도 꽤 벌었지만, 지금은 술집은 꿈도 꾸지 못한다. 자유 시간은 대부분 집이나 채소밭, 토끼장에서 보낸다. 가끔 노동자회관에 간다. 인생에서 가장 행복한 때는 결혼하기 전 몇 년이다. 그때는 세상에 걱정거리가 없었고, 생활비만 빼면 남는 돈은 마음대로 쓸 수 있었다. 인생에서 최악의 시기는 바로 지금이다. 돈이 한 푼도 없기 때문이다. 전쟁 시절에도 상황이 나빴다. 돈이 많아도 먹을거리가 없었다. 지금은 먹을거리가 바로 옆에 있어도 사 먹을 수가 없으니 더 나쁘다.

부인 F. T.는 1883년 모라비아에서 아홉 형제 중 하나로 태어났다. 열일곱 살에 마리엔탈에 왔다. 아버지는 미숙련 노동자였다. 열네 살까지 학교에 다녔는데, 뛰어난 학생이라 재봉을 배우고 싶었지만 곧바로 공장에 취직해야 해서 배우지 못했다. 1912년에 폐병에 걸려서 그만둘 때까지 일했는데, 그뒤로는 다시 일을 하지 못했다. 열여덟 살에 결혼했다. 원래 남편은 언니하고 결혼했는데, 1년 뒤에 언니가 아이를 낳다가 죽었다. 두 사람은 그 일 직후에 결혼을 했다. 남편이 열 살 위였다. 부부는 예나 지금이나 아주 사이가 좋고 싸운 적도 없다. 남편은 돈을 버는 대로 가져오고, 술이나 노름도 하지 않고, 집안일을 돕는다.

부부는 아이를 일곱 명 낳았는데, 네 명이 살아남았다. 둘은 어려서 죽고, 셋째는 아홉 살에 의사가 잘못된 치료를 해서 죽었다. 남편이 실직한 탓에 지금은 훨씬 어렵다. 돈이 남아나지를 않으니 다 큰 사내애들이 입을 옷까지 부인이 전부 만들어야 한다. 식료품과 석탄을 사는 데 2주에 60실링이 필요하고, 일요일이면 우유하고 고기를 먹어야 한다. 돈이 남으면 구두 수선을 맡긴다. 여름철에는 페인트공이자 인테리어 업자인 장남이 도와주고 있다. 덕분에 부인은 가끔 신발이나 새 바지 등을 살 수 있다. 할부로 물건을 사는 법은 없다. 그런 걱정을 떠안을 생각이 없다.

인생에서 가장 행복한 순간은 결혼 초기, 그러니까 대략 1912년 무렵이었다. 그 시절에 부부가 가장 많이 벌었다. 그러다가 부인이 병에 걸려서 몸을 돌봐야 했다. 최악의 시기는 전쟁 때다. 돈도 없고 대용식 말고는 아무것도 먹지 못했다. 아이들 걱정을 하고 있는데, 남편이 이발사 자격 취득을 겨우 10주 앞두고 발작 증세가 생겨서 집으로 돌아왔다. 남편이 수습 자리라도 구해서 자격을 딸 수만 있다면 참 좋겠다. 소녀 시절에는 춤을 좋아했는데, 이제는 춤을 추기에는 너무 늙었다. 지금도 영화관이나 극장을 좋아한다.

남편은 젊은 시절에 체념이나 의지 상실의 조짐이 발견된다. 이를테면 항상 해외로 나가고 싶어했지만 한 번도 실행하지 못했다. 지금도 그런 큰 뜻을 실현한 동생을 부러워한다. 또한 독서나 스포츠에 관심이 없는 점도 삶을 대하는 체념적 태도를 보여주는 징후다.

어린 시절에 이미 가장 바라는 직업을 포기할 수밖에 없던, 몸이 약한 부인 또한 일찍부터 체념하는 특징을 드러냈다. 아마 세상을 떠난 언니의 남편하고 결혼한 선택도 자기주장이 얼마나 약한지를 은연중에 보여주는 듯하다. 지금처럼 과거의 삶도 범위가 제한되고, 어느 정도 쉽게 만족하는 태도로 특징지어진다.

이런 기본적 태도는 대체로 변함없이 이어졌다. 조용하고 허세 부리지 않고 소박하던 예전의 삶이 실업 사태 중에도 규모만 축소될 뿐 똑같이 이어졌다.

이제 완전히 절망 상태에 빠진 34세 실업자 남성의 생애사를 보면 전혀 다른 사례가 드러난다.

F. W.는 1897년 마리엔탈에서 태어났다. 아버지는 벽돌공이었다. F. W.는 여섯 살부터 열네 살까지 학교를 다녔다. 장난꾸러기이고 특별히 좋아하는 과목은 없지만, 선생님을 존경해 학교에서 별 문제는 없었다. 열네 살에 날염 일을 배우려고 공장에 들어가서 2년간 일했다. 그런데 아버지가 직장 동료들하고 싸워서 노이펠트로 이사를 갔다. 자기보다 몇 년 후배인 노동자한테 밀렸는데, 자존심이 세서 강등을 받아들이지 못했다. 그만둘 생각은 없었지만 아무도 계속 일하라고 요청하지 않았다.

노이펠트에서는 가족이 모두 공장에 다녔다. 처음에 F. W.는 미숙련 노동자로 일하다가 기계 조작공으로 승진해서 이제 시급 대신 주급을 받았다. 뿌듯한 마음에 어디서나 잘 어울렸고, 자유 시간까지 포기하면서 공부를 따라잡으려 애썼다. 1915년에 군에 징집됐다. 면제를 받을 수도 있었지만, 스스로 포기하고 군대에 갔다. 그런데 몇 주 만에 자기가 한 선택을 후회했다. 처음에 빈으로 가서 훈련을 받은 뒤 이탈리아 전선으로 갔다. 거기서 말라리아에 걸렸는데, 지금도 후유증이 남아서 몸이 약하다. 1917년에 병원에 입원해서 오스트리아헝가리 제국이 무너질 때까지 병원에 있었다.

그뒤 노이펠트로 돌아와서 2년간 살았다. 부모가 생활비를 지원하면서 공장에 다시 나가지 못하게 했다. 몸이 너무 약한 때문이었다. 형은 전쟁터에서 사망했다. 1920년부터 1925년까지 츠빌링스도르프에 있는 건설 현장에서 일했다. 이 일이 끝나고 마리엔탈로 돌아와 공장에서 미숙련 노동을 했다. 얼마 지나지 않아 날염 공장에서 사무직에 취직했다. 봉급이 많지 않은 점만 빼고는 아주 만족스러웠다.

1922년에 결혼했다. 한 살 연상인 부인은 에벤푸르트 출신이었다. 두 살과 일곱 살짜리 아들 둘이 있다. 가족이 전부 영양실조다. 전쟁 중에도 지금보다는 사정이 나았다. 예나 지금이나 어디에서 시작하든 간에 한 계단 한 계단 올라가는 삶을 목표로 삼았다. 항상 열심히 일했고, 모든 일에 정성을 쏟았다. 시작할 수 있는 기회가 주어지면 열심히 일해서 틀림없이 승진할 듯했다. 실직 첫해에 구직 신청서를 130장 보냈지만 답장을 하나도 받지 못한 사람이다. 아직 실업 급여에 보탤 돈을 1그로셴도 벌지 못했다.

이제 모든 희망이 사라졌다. 자기 손으로 벌어서 먹고살고 싶은 마음이 간절하다. 한 번도 나가서 일한 적이 없는 부인은 지금 완전히 병약하다. 특히 신경 쇠약이 심하다. 밤이고 낮이고 아프고 우울해한다. 이제 남은 희망은 없고, 그저 이유도 모른 채 하루하루 살아갈 뿐이다. 저항할 의지가 사라졌다.

공장에서 일할 때는 어려운 사무직 일에 숙달돼 일을 잘했다. 젊은 시절부터 면직 날염 공장에서 일하고 싶었다. 공장에서 일할 때는 행복했다. 빈으로 가서 살고 싶었는데, 빈에만 가면 아이들이 뭐든 배울 수 있다고 생각한 때문이었다. 장남은 공부를 시키고 싶었다. 자기가 공부를 하고 싶지만 못한 만큼 최소한 자식들은 공부를 시키려 했는데, 이제는 불가능하다.

이 남성은 언제나 삶에 욕심이 특히 많았다. 야심이 있었고, 열심히 일하면서 언제나 승진을 꿈꿨다. 자유 시간에도 독학을 했고, 이 점이 중요한데, 몸이 약하면서도 항상 큰 뜻을 실현했다. 자기의 인생 계획을 자식들을 통해 실현하려 한 모습은 이 남성의 특징을 여실히 보여준다.

그런데 실업 사태가 벌어졌다. 처음에는 자기 능력에 자신이 있어서 다른 곳에 취직이 되리라고 기대했다. 구직 신청서를 아무리 보내도 전혀 답장을 받지 못하자 자기를 둘러싼 상황이 가망이 없다는 현실을 깨닫기 시작했다. 자기만의 야망, 자기를 내세워서 인정을 받고 싶다는 바람은 헛된 꿈이 됐다. 이렇게 참담하게 좌절을 겪자 자신감이 무너졌다. 비참하게 무너져서 일자리를 찾는 시도도 그만뒀다. 부인은 병약하고 신경과민이지만 살림은 빈틈없이 꾸린다. 집을 방문한 때 남편이 풍기는 절망적인 분위기와 쾌적하고 편안한 집이 워낙 대조적인 모습이라 인상적이었다. 남편은 전에 기독사회당에서 열성적인 간부로 활동한 적이 있는데, 지금은 그만뒀다.

우리가 모은 파일에는 비슷한 사례가 숱하게 많다. 저항력이 점점 약해지다가 갑자기 무너지는 사람들이다. 대개 젊은 시절에 큰 뜻을 품고 포부도 당당하던 사람들이 이렇게 된다.

그렇지만 과거에 특별히 부유하던 이들은 실업에 맞서서 능숙하게 다른 방식으로 대응했다. 다음이 대표 사례다.

J. K. 부인은 1890년 피텐 인근의 에를라흐에서 태어났다. 아버지가 사회민주당 열성 당원이라서 계속 일자리를 옮겨 다녀야 했다. 여섯 살이 되기 전에 산 곳만 여섯 군데였다. 이사 행렬은 마리엔탈에서 끝이 났는데, 이곳의 정치 상황이 무척 우호적이기 때문이었다. 아버지는 방직공으로 일했다. 형제가 다섯인 J. K.는 학교가 무척 재미있었고, 특별히 한 과목을 좋아하지는 않아도 공부를 잘했다. 재단사가 되고 싶었지만, 동생들이 어려서 집을 떠날 수 없었다. 공장에 심부름꾼으로 들어가서 1914년까지 일했다. 놀기 좋아하고 춤을 좋아해서 빈에 있는 극장이나 영화관에 자주 갔다.

1910년에 같은 공장에서 일하는 남자를 만나 결혼했다. 부부 금슬이 좋아서 불행한 순간이 한 번도 없었다. 둘째 아이를 낳은 뒤 집에 눌러앉았다. 아이들 기르는 데 전념할 생각이었다. 전쟁이 벌어지자 남편이 징집됐다. 남편은 1917년에 전사했다. 그때 아이들이 한 살 반, 세 살, 일곱 살이었다. 부인은 다시 돈을 벌어야 해서 통조림 공장에 들어갔다. 그다음에 한동안 미테른도르프에 있는 기차역에서 일하다가, 1920년 마리엔탈로 돌아와 여기에서 1929년까지 일했다. 지금은 실업 급여를 39실링 받고 있다.

아들들은 잘 자랐다. 큰아들은 마르헤크에서 정원사로 일하는데, 일주일에 44실링을 번다. 어머니한테는 한 푼도 주지 않고 오토바이를 산다며 저축하는 중이다. 둘째 아들은 빈에서 일하는데, 일주일에 40실링을 번다. 일하는 회사에서 옷감이 일부 지급돼서 일주일에 30실링을 어머니한테 보낸다. 부인은 빈에서 아직 수습공으로 일하는 막내아들을 뒷바라지한다. 예나 지금이나 애들 옷은 전부 직접 해 입혔다. 막내는 음악에 재능이 있어서 음악 교습을 받게 했는데, 상황이 최악일 때에도 한 달에 7실링을 음악 강사에게 쥐여줬다.

부인은 유쾌한 성격을 잃지 않았고, 지금은 '나이든 여자'이기는 해도 춤을 좋아한다. 전쟁이 끝나고 사회민주당 운동에 열성적으로 참여하기 시작했다. 처음에는 여성 분과에서 활동하다가 나중에는 아동 복지 단체로 옮겼는데, 지금도 그 위원회 소속이다. 위원회가 극장 운영을 포기한 이래 부인은 현재 일주일에 한 번 오후에 유치원에서 일을 한다. 1916년에서 1918년 사이, 그리고 지난해 초부터 8월까지 가장 어려운 시기였다. 전쟁 중에는 남편이 전사하고 아이 셋하고 홀로 남아서 모든 일이 힘들었다. 1918년까지 쭉 어렵다가 통조림 공장에서 일하면서 먹을거리를 장만하기가 쉬워졌다. 지난해가 나쁜 이유는 아들들한테 전적으로 의지한 때문이었다. 굶주리지는 않았지만 애들한테 부담을 주기가 싫었다.

가장 좋은 때는 지금이다. 아이들이 다 잘 풀리는 모습을 볼 수 있기 때문이다. 아이들이 다 자기한테 잘하고, 빈에 데려가 영화도 보여주고, 모든 일을 돌봐준다. 돈 관리를 나눠서 하는데, 둘째 아들한테 받는 돈하고 실업 급여는 식료품에 쓰고 매달 받는 연금 50실링은 옷 사는 데 쓴다. 옷이 필요 없을 때는 먹는 데 좀더 돈을 쓴다. 늘 애들 모르게 애들 줄 물건을 산다. 아들 중 하나가 결혼하면 모아놓은 물건들을 줄 생각이다.

이 여성은 언제나 자기 삶을 성공적으로 조직하는 대단한 능력을 보여줬다. 이 능력은 사라지지 않았다. 젊은 시절에는 놀기를 즐기면서 여럿이 어울려 춤추러 다녔고, 극장에도 자주 갔다. 지금도 가끔 아이들이 영화관에 데리고 간다. 이제 춤 대신에 나이에 좀더 어울리는 아동복지위원회 활동에 열심이다. 사람들하고 어울리고 싶은 마음은 여전하고, 그런 욕심을 채우는 방법도 잘 안다. 좋던 시절, 그러니까 한창 일하던 시절의 신체적이고 정신적인 에너지가 여전히 남아 있다는 인상을 풍긴다. 인생을 대하는 태도가 쉽게 흔들리지 않는다. 확실히 실업 급여가 끊기거나 아들들이 실직하면 어떻게 될지는 아무도 모른다.

전반적으로 과거에 특히 부유하던 사람들이 유별나게 오래 버티거나 너무도 쉽게 무너진다. 특히 오래 버티는 이들은 경제적으로 유리하기 때문인지, 아니면 적응을 잘하기 때문인지 판단하기 어렵다. 두 요인은 거의 언제나 나란히 작용하고, 실업 사태가 시작되기 전부터 작용한 때문이다. 이를테면 어떤 여성은 처음 결혼할 때 워낙 옷을 많이 사서 지금도 옷이 전혀 부족하지 않다고 말한다. 10년이 지난 지금도 넉넉하다는 뜻이다. 그러면서 자기는 취직한 적이 없다고 자랑스럽게 말한다. 이런 성공한 사람들 그룹에는 과거에 무척이나 아슬아슬하고 모험적인 생활을 한 남성도 있다. 가끔 아주 넉넉하게 살지는 못했지만, 여기저기 옮겨 다니면서도 먹고사는 데 큰 지장은 없었다. 그 남성은 지금 같은 운명도 항상 어떻게든 대처한 그런 모험 중의 하나라고 생각한다. 이런 사람들은 경제적인 면이나 정신적인 면이나 의지할 만한 자원이 있어 보인다.

다른 한편 과거에 넉넉하게 살았지만 지금은 특히 저항력이 약한 사람들은 전부가 무엇보다도 적응 능력이 전혀 없다는 점이 특징이다. 그런 사람들의 삶이 무너진 이유는 과거와 현재의 엄청난 차이를 이해하지 못하고 견딜 수도 없기 때문이다. 그중 일부는 일찍부터 굳어진 정신 자세 때문에 처음에 받은 충격과가 특히 오래 지속된다는 인상을 풍긴다. 결국 충격이 물러나고 체념에 길을 내준다. 그렇지만 다른 이들은 예상하지 못한 부당한 재앙의 희생양이라는 정서가 워낙 강해서 이런 곤경을 받아들이려는 기색을 조금도 보이지 않는다. 그런 이들은 마리엔 탈 전체가 재앙에 다다르기 이미 오래전에 그런 상태를 향해 치닫는 듯하다. 대도시에서 자살 또는 자살 비슷한 파국적 반응을 통해 정점에 이르는 심리적 상태라고 봐도 무방하다.

과거에 특히 형편이 어렵던 사람들은 지금은 다시 망가진 가정에 속하거나, 모든 이들이 똑같이 비참한 곤경에 빠진 사실을 위안 삼으면서 체념한 부류에 합류한다. 이를테면 몇 년 전에 공직에 있으면서 여러 가지 불법적 거래에 관여해 교도소에 간 남성이 있다. 그 뒤로 이 남성은 다른 주민들하고 아예 접촉이 끊겼다. 이 남성과 가족은 상대적으로 고립된 채 극도의 빈곤 속에서 생활한다. 법에 부딪힌 결과로 그 가족은 공장이 문을 닫기 전부터 이미 경제적으로 위기에 빠졌다. 이런 유사한 사례들을 보면 삶을 대하는 전반적인 태도가 바뀔 이유가 없다. 알코올 의존증 환자인 아버지가 부인과 자녀를 학대하고 구타하는 가정도 마찬가지다. 이 가정에서도 본질적으로 실업 때문에 상황이 바뀌지는 않았으며, 실업 때문에 태도가 바뀌지도 않았다.

그렇지만 이전에도 극단적 빈곤에 시달리고 (아버지의 생애사를 바탕으로 판단하건대) 가정이 항상 망가진 그룹에 속해 있던 몇몇 사례에서는 실업 사태 때문에 상황이 어느 정도 완화되기도 했다. 이를테면 결혼하고 얼마 되지 않아 남편을 잃은 세 자녀의 어머니가 있다. 여성은 어린 시절부터 같은 또래들하고 자기 삶을 자주 비교했는데, 지금은 분명 남들에 견줘도 별로 뒤지지 않는다. 집안일과 공장 일이라는 이중 부담을 덜어버리고, 실업 급여를 받기도 하지만, 무엇보다도 지금 여성의 삶은 마리엔탈에 사는 다른 여성들하고 전혀 다르지 않다. 우리가 기록한 파일에는 이런 사례가 많다.

마지막으로, 과거에 특별히 구별되는 특징이 전혀 없이 평범한 노동자의 삶을 산 이들이 있다. 이 사람들은 세 가지 태도 범주에서 모두 발견된다. 각각의 사례에서 연령, 소득, 인격적 특성 같은 요소들에 따라 달라지지만, 우리가 대략적으로 과거를 분석한 내용으로는 어떤 요인들의 결합이 이런 구별을 낳는지 밝히기가 어렵다.

그리하여 이 책을 마무리하면서 우리는 몇 달간 이토록 밀접하게 접촉한 이 사람들 중에서 일부의 생생한 모습을 독자에게 보여주려 했다. 전반적이고 전형적인 삶의 모습을 겨냥하면서 우리가 진행한 조사 연구와 우리가 활용한 방법론의 한계가 여기에서 드러난다. 우리는 과학자로서 마리엔탈에 와서 단 하나의 바람만을 품고 떠난다. 이런 조사 연구를 수행할 수 있는 비극적 기회가 우리 시대에 다시 생겨나서는 안 된다는 바람이다.

다음 글은 우리 연구를 역사적 맥락 속에서 볼 수 있도록 《실업자 도시 마리엔탈》의 정신적이고 방법론적인 원형들을 추적하려는 시도로, 거의 40년 뒤에 썼다.

그 무렵 3세기에 걸친 발전을 개관하기 위해 이렇게 역사를 스케치한 시도는 처음이었다. 《실업자 도시 마리엔탈》 자체하고 마찬가지로 오늘날 이 글을 쓴다면 다르게 보일 테고, 고쳐 쓰고 싶은 유혹도 조금 있었다. 생각 끝에 원래 형태로 그냥 두기로 했다. 따라서 몇 가지 사소한 수정을 제외하고는 40년 뒤인 지금의 시각에서 볼 때 추가적인 설명이 필요한 부분에 각주 몇 개만을 덧붙였다.

— 한스 차이젤

고대와 중세 내내 공동체의 사회 구조를 조사할 필요는 거의 없었다. 그 구조는 누구의 눈에나 분명하게 보였다. 모든 사람의 지위가 전통에 따라 영구적으로 규정됐고, 자기의 경계를 넘어서는 사람은 누구나 공법을 위반하는 셈이었다. 이방 부족들만이 이따금 체계적인 조사의 대상이 됐다. 이렇듯 단순한 사회 구조가 파괴된 계기는 중세 질서의 쇠퇴였다. 새로운 기업가와 자유로운 노동자들은 낡은 위계질서의 일부가 아니었다. 봉건 질서의 안정성은 부르주아적 자유의 불확실성에 길을 내줬고, 이런 변화하고 더불어 사회 구조의 분명한 가시성이 쇠퇴하기 시작했다. 다시 시야를 확보하는 일이 다양하게 등장하는 사회과학, 곧 경제학, 통계학, 그리고 이 둘에 밀접하게 연결된 '사회지학sociography'[1]의 임무가 됐다.

새로운 질서

유럽의 봉건 질서가 최초로 정치적 패배를 겪은 바로 그날이 사회지학 연구의 탄생일이 됐다. 올리버 크롬웰이 반란군에 승리를 거둔 뒤인 1641년, 잉글랜드군은 아일랜드 땅에 자리를 잡았다. 식민 정착 계획을 마련하는 데 도움이 되는 지식을 확보하려고 아일랜드의 경제 구조와 사회 구조에 관해 보고할 위원회가 임명됐다.

조사 책임자인 윌리엄 페티William Petty(나중에 윌리엄 경이 된 사람)는 왕립학회의 유명한 회원이자 외과 의사, 발명가, 그리고 그사이에 정치경제학과 통계학의 창시자였으며, 이른바《다

운 조사[Down Surveys]》로 출간된 아일랜드 지역 지적地積 조사를 수
행한 저자로서 사회지학의 창시자이기도 했다.

철학적 경험론자들의 위대한 제자인 페티는 여러 면에서 주
목할 만한 사회지학 연구인 《아일랜드의 정치적 해부The Political
Anatomy of Ireland》[2]를 내놓았다. 책에는 경작지의 성격과 규모, 경
작 방법, 화폐, 상업, 주민, 의복, 식품 등에 관한 데이터가 담겨
있다. 보고서는 양적 방법을 사용한다는 점에서 인상적이다. 이
런 방법은 이따금 먼 훗날에야 다시 활용되는 지점까지 나아간
다. 이를테면 페티가 아일랜드 농민은 식비의 3분의 2를 담배에
지출한다고 보고할 때, 지출 구성비의 사회지학적 중요성을 일
찍부터 간파한 점이 드러난다. 이 조사 연구에서 가장 두드러진
측면은 아마 사회지학 조사가 하는 잠재적 구실에 관한 뚜렷한
통찰일 듯하다.

서문에서 페티는 베이컨의 《학문의 진보Advancement of Learning》[3]
에서 한 구절을 인용한다. 인체와 사회의 해부학, 그리고 인체
와 사회 조직체를 둘 다 건강하게 유지하는 기술에 관한 내용이
다. 페티는 사회의 해부학을 알지 못한 채 정책을 추구하는 행

---

1 사회지학이라는 단어는 한참 나중에 나왔다. 네덜란드의 스타인메츠(Sebald Rudolf Steinmetz)가
처음 이 용어를 사용했다 — 영어판.
2 1691년에 런던에서 처음 출간된 이 책은 찰스 헐(Charles H. Hull)이 1899년에 출간한 《윌리엄 페
티 경의 경제학(The Economic Writings of Sir William Petty)》에 포함돼 재출간됐다(William Petty, "The
Political Anatomy of Ireland", Charles H. Hull(ed.), *The Economic Writings of Sir William Petty*, New
York: Kelley, 1963(reprint)).
3 한국어판 다수 — 옮긴이.

위를 돌팔이 처방약을 바르는 노파에 비유했다.

따라서 최초의 체계적인 사회지학 연구는 사회 재조직화, 이 경우에는 정복한 땅의 식민화 문제에 연관해 시작됐다. 그리고 이 조사는 유례없는 지적 흥분의 시대에 진행된 덕분에 후대의 많은 연구를 예견하는 첫 단계를 장식했다.

영국 내전이 끝난 뒤 수십 년간 등장하는 사회과학 연구는 이따금, 그나마 협소한 의미의 사회지학 문제들만을 다뤘다. 주로 경제 정책과 이론 문제에 몰두했다. 18세기 전반기가 지나서야 잉글랜드 농업이 직면한 어려운 문제들이 대중적 관심사가 되면서 다시 사회지학이 발전하기 시작했다. 그 시기에 영국의 농민과 농업 노동자가 몇몇 사회지학 조사의 주제가 됐다.

아서 영Arthur Young이 쓴 저작들[4]은 분명 체계적인 조사 연구라기보다는 사회경제적 여행기에 가깝지만, 가계 지출의 정확한 세부 내역에 이르기까지 새로운 유형의 관찰이 풍부하게 담겨 있다. 영이 한 작업은 바컴의 교구 목사인 데이비드 데이비스David Davies가 수행한 농업 노동 상태에 관한 조사에서 한층 더 발전했다.[5] 게다가 이 조사를 계기로 현대 사회지학의 중요한 도구인 설문지가 처음으로 등장했다. 1787년 데이비스는 가계 지출표 몇 개를 작성해서 적당한 사람들에게 보냈다. 이 표를 양식으로 삼아 주변에서 비슷한 가계 지출표를 모아서 달라는 요청이었다. 아서 영은 데이비스의 설문지를 본보기로 삼아 여섯 가구의 가계 지출표를 기록했다.[6] 프레드릭 모턴 이든 경Sir

Frederic Morton Eden이 진행한 빈민 조사는 조사 방법론에서 또 다시 진일보했다.[7] 이든은 직접 관찰하는 방법 말고도 오늘날 우리가 말하는 인터뷰어를 활용했다. 이든이 한 말을 빌리자면, "내가 제공한 설문지를 가지고 …… 정확한 정보를 입수한다는 분명한 목표 아래 1년 넘게 여기저기 옮겨 다닌 굉장히 성실하고 지적인 사람"이었다.

빈민이 급속하게 늘면서 주요한 관심사로 부상하던 그 무렵 민간 자선 단체가 펴내는 정기 보고서들이 처음 등장하기 시작했다.[8] 점증하는 산업화에 보조를 맞추면서 이런 보고서들은 강조점을 농업 노동자에서 새롭게 등장하는 도시 프롤레타리아트로 옮겨갔다.

확실히 이 연구들은 처음에는 훌륭한 기자가 잘 쓴 관찰기에 지나지 않았다. 조사 방법이 신문 기사하고 실제로 구별되기 시작한 계기는 영국 의회가 실시한 조사였다. 이 조사는 일찍이 입법부에 데이터를 제공하기 위해 특별위원회에 보고서를 요청하는 관행을 확립했다. 나폴레옹 전쟁 이후의 재건기와 이어진 공

---

4 Arthur Young, *The farmer's letters to the people of England*, 1768; Arthur Young, *The farmer's tour through the east of England*, 1771; Arthur Young, *An inquiry into the state of the public mind amongst the lower classes*, 1798.

5 David Davies, *The case of laborers in husbandry ... with an appendix; containing a collection of accounts, shewing the earnings and expences of labouring families, in different parts of the kingdom*, 1795.

6 Arthur Young, *General View of the Agriculture of the County of Suffolk*, 1797.

7 Sir Frederic Morton Eden, *The state of the poor: or, An history of the labouring classes in England*, 1797.

8 이를테면 Society for bettering the conditions and increasing the comforts of the poor, *The Reports of the Society for Bettering the Conditions and Increasing the Comforts of the Poor*, 1798 참조.

장법 시대에는 이런 조사가 무수히 쏟아졌다.[9] 1835년부터는 공장 감독관이 6개월마다 작성하는 보고서가 여기에 추가됐다.

이 조사에서 사용한 기법은 다양하고 종종 아주 대담했다. 왕립위원단(상대적으로 중요하지 않은 문제를 조사하기 위해 지명된 의회위원회하고는 구별된다)에는 관련 당사자 대표들이 전문가와 의원들하고 함께 참여했다. 그리고 지금까지 하던 대로 증인과 정보 제공자가 한 말을 듣고 반대 신문을 하며 필요하면 모순되는 증언하고 대조하기도 했다. 이런 조사가 지닌 독특한 힘은 결과가 널리 알려진 데 있었다. 신문에 의사록이 매일 보도되면서 이례적으로 눈길을 끌었다. 각종 회의, 의사와 감독관의 보고서, 설문지, 그리고 무엇보다도 위원단 자체나 대표자들이 현지에서 자주 진행한 조사가 청문회 자체를 보완하는 구실을 했다. 《노동 문제On Labour》(1893~1897) 위원단이 후에 내놓은 보고서와 관련된 몇몇 수치를 보면, 이런 조사 중 일부가 얼마나 대규모로 진행된 일인지 알 수 있다. 위원단은 몇 년에 이르는 조사 기간 동안 182회 모였고, 증인 583명을 면담했으며, 질문 9만 7336개를 던지고, 설문지 5350개를 배포해서 그중 2100개를 회수했다.

이 조사는 폭넓고 유연한 방법을 활용한 덕분에 종합적인 방식으로 제기된 문제를 정식화할 수 있었다. 전체 인구 중 일부 계층의 생활 방식에 관한 조사는 이제 단순한 경제 상황을 기술하는 데 국한되지 않고 도덕적 상태와 지적 상태에 대한 개관도 제공했다. 그리하여 사회지학적으로 유의미한 데이터의 범위가 급격하게 확대됐다. 아동 고용에 관한 보고서에 인용된, 조사관과 어린이들이 나눈 인상적인 대화를 상기하면 이런 변화를 쉽게 알 수 있다.

제러마이어 하인스, 12세 4 곱하기 4는 8, 4가 네 개면 16. 왕은 돈하고 금을 모두 가진 사람이에요. 우리한테는 왕이 있는데(여왕이라고 불러요), 알렉산드라 공주라고 합니다. 공주가 남자에요.

윌리엄 터너, 12세 잉글랜드에 살지 않아요. 그런 나라가 있는 건 아는데, 전에는 몰랐어요.

에드워드 테일러, 15세 런던은 잘 몰라요.

헨리 매튜먼, 17세 악마는 좋은 사람. 어디 사는지는 몰라요. 그리스도는 나쁜 놈.[10]

이런 인터뷰는 현대적인 테스트 방법을 앞서서 예견한 시도나 다름없다.

이런 조사 중 일부에서 나온 자료가 개인적 관찰과 신문 보

9 이런 의회 보고서(Report to Parliament) 중에서 가장 중요한 사례는 다음 같다. *On Conditions in the Factories*, 1833; *On the Irish Poor in Britain*, 1835; *On Health Conditions in the Towns*, 1840; *On Children's Employment*, 1863~1867; *On the Truck System*, 1870~1872; *On the Sweating System*, 1880~1890; 그리고 대규모 보고서인 *Report on Labour*, 1893~1897.

10 Commission on Children's Employment, 4th Report, 1865, p. ⅹⅹⅹⅷ(cited by Marx in *Das Kapital*, in a footnote in Ch. X, The Working Day[p. 259, New York: International Publishers, 1967]).

도 등하고 나란히 프리드리히 엥겔스가 쓴《영국 노동 계급의 상황The Condition of the Working Classes in England》[11]의 핵심을 차지했다. 이 저작의 중요성은 데이터의 독창성이 아니라 엥겔스가 자료를 활용한 맥락에 있다. 엥겔스는 사회지학적 사실들을 하나의 이론적 틀, 이 경우에는 계급 투쟁 이론으로 체계화하려 했다. 유례없이 거대한 정치적 효과를 발휘한 엥겔스 저작의 독창성은 여기에 있다.[12]

1886년에서 1900년 사이에 추가로 민간 부문에서 출중한 사회 조사가 두 가지 등장한다. 찰스 부스Charles Booth가 쓴 여덟 권짜리《런던 사람들의 생활과 노동Life and Labour of the People in London》,[13] 그리고 그만큼 방대하지는 않지만 비슷한 방식으로 요크 시를 조사한 시봄 라운트리Benjamin Seebohm Rowntree가 쓴《빈곤, 도시 생활 연구Poverty, A Study in Town Life》[14]다. 런던 조사에서는 장학관, 복지 담당관, 자원봉사자 등이 대규모로 투입돼 호별 방문, 설문지, 입수할 수 있는 인구 조사 데이터 분석 등을 수단으로 삼아 빈민의 생활 수준을 판정하는 작업에 착수했다. 맨 밑바닥 '극빈층'을 시작으로 인구를 사회경제적 계층으로 구분함으로써 런던 빈민의 규모가 정확한 수치와 그래프로 나타났고, 자세한 지도와 표는 이 내용을 더욱 생생하게 보여줬다.

요크 조사는 무엇보다도 1차 빈곤에 대조되는 2차 빈곤 개념을 도입한 점에서 주목할 만하다. 1차 빈곤은 단순히 일정한 최저 소득 수준 이하의 생활인 반면, 2차 빈곤은 경제적 측면에서는 객관적으로 아직 이 수준에 도달하지 않았지만 어떤 파괴적 습성 때문에 무분별하게 자원을 사용함으로써 때 이르게 1차 빈곤의 효과가 발생하는 경우를 가리킨다.

라운트리는 또한 실업에 관해 최초로 체계적인 사회지학 연구를 쓴 학자다.[15] 1910년 6월 7일에서 9일 사이에 연구팀 60개가 요크의 모든 노동자 가정을 방문해서 실업 상황에 관련된 데이터를 확보했다. 그 뒤 몇 달간 모든 남녀 실업자의 간략한 생애사가 확보됐다. 연구의 주요 목표 중 하나는 실업의 원인을 탐구하는 일이었다.

영국 사회지학을 높은 수준으로 지탱한 요소는 후속 조사의 혁신이었다. 몇 년 뒤 진행된 초창기 조사의 복제판 덕분에 시간의 흐름에 따른 직접 비교가 가능해졌다. 1915년에 통계학자 아서 보울리Arthur L. Bowley는 잉글랜드 4개 도시 노동 계급 가구의 경제 상태에 관한 조사를 출간했다.[16] 그 뒤 10년이 지나 후속

---

11 Leipsig, 1845; New York, 1887(프리드리히 엥겔스, 이재만 옮김, 《영국 노동계급의 상황》, 라티오, 2014 — 옮긴이).

12 데이터 선별과 적절한 사회 이론의 관계(Sinnzusammenhänge)는 막스 베버가 방법론에 관련해 가진 관심사의 하나다.

13 조사는 런던의 빈민가인 이스트엔드에서 1886년에 시작돼 1889년부터 1897년까지 연속 출간됐다.

14 여기서 우리는 이 위대한 연구들의 선구자격인 헨리 메이휴Henry Mayhew의 기념비적 저작 《런던의 노동자와 빈민London Labour and the London Poor》(1851)을 언급하지 않는 실수를 저질렀다 — 영어판.

15 Benjamin Seebohm Rowntree and Bruno Lasker, *Unemployment, A Social Study*, London: Macmillan, 1911.

16 Arthur L. Bowley, *Livelihood and poverty; a study in the economic conditions of working-class households*, London: G. Bell and Sons, 1915.

조사가 나왔다.[17] 그 시점에 부스가 40년 전에 수행한 조사의 복제판 연구도 시작됐다.[18]

수량화

페티하고 동시대 사람인 존 그론트John Graunt는 런던 시 사망률의 규칙성에 주목하면서 이미 수량적 사회 법칙을 입증할 수 있었다.[19] 한 세기쯤 지난 뒤 독일 베를린에 사는 요한 쥐스밀히Johann Sussmilch라는 군목이 인구 이동 법칙에 관해 비슷한 조사를 수행했다. 막 태동하던 보험 산업의 토대가 되는 인구 통계에 이어 범죄 영역에서도 수학적 규칙성이 발견됐다. 그렇지만 자연과학과 천문학, 수학, 특히 확률 이론에서 눈부신 진전이 일어나고 나서야 일반적인 양적 사회 법칙이라는 개념이 발전했다. 피에르 시몽 드 라플라스Pierre Simon de Laplace, 다니엘 베르누이Daniel Bernoulli, 장 바티스트 조제프 푸리에Jean Baptiste Joseph Fourier 등 프랑스 학자들이 주인공이었다.

마르퀴 드 콩도르세Marquis de Condorcet는 라플라스의 천체 역학 개념하고 비슷한 '사회 역학méchanique sociale' 개념을 만들어냈다.[20] 나중에 일반 사회 법칙 개념은 오귀스트 콩트Auguste Comte의 실증주의 사회학에서 강령적 토대를 얻었다. 비록 콩트 자신은 이런 법칙의 경험적 발전을 별로 중요시하지 않았지만 말이다.

확률 이론이 발전한 덕분에 상당히 풍부해진 통계학을 인간의 행동 영역 전체에 적용하려고 대규모로 체계적인 시도를 한 사람은 아돌프 케틀레Adolphe Quételet였다. 케틀레는 제목 자체가 원대한 설계의 면모를 보여주는 《사회물리학Physique Sociale》[21]에서 이렇게 말했다.

정신적 힘은 물리적 힘하고 별로 다르지 않으며, 그 효과에 직접 비례한다고 가정하면 둘 다 측정이 가능하다.

그리고 이런 말도 했다.

한 사람이 다른 사람보다 더 용감하고 말할 수도 있다. 이런 판단은 두 개인의 행동을 관찰하고 그런 결과에 따라 평가했다는 사실에 근거한다. …… 해마다 거의 어김없이 한 명은 500번 용감하게 행동하고 다른 한 명은 300번만 용감하게 행동했다고 …… 가정을 해보라.[22]

17 Arthur L. Bowley and Margaret H. Hogg, *Has Poverty Diminished?*, London: P. S. King, 1925.

18 Hubert Llewellyn Smith, director, *The New Survey of London Life and Labour*, London: P. S. King & Son, 1930.

19 John Graunt, *Natural and Political observations mentioned in a following index, and made upon the bills of mortality*, London: Tho. Roycroft for John Martin, James Allestry, and Tho. Dicas, 1662.

20 Pierre Simon Laplace, *Traité de méchanique céleste* (1798).

21 Adolphe Quételet, *Physique Sociale; ou, Essai sur le dévelopment des facultés de l'homme*, 1835.

22 앞의 책, pp. 141, 143.

다른 곳에서 케틀레는 '쉽게 흡수하는 정도와 유지하는 능력을 기준으로' 기억을 측정하고, 진실성을 측정하고, 보험 회사와 은행의 기록을 바탕으로 '상이한 연령 집단에서 나타나는 예측 정도'를 측정할 수 있는 가능성을 이야기했다.[23]

케틀레는 천문학자이자 기상학자로 경력을 시작했다. 처음 출간한 글에서는 확률 이론을 다뤘다. 케틀레의 기본적 정식화와 이른바 심리학적 사실을 측정하려는 시도를 통해 사회 현상의 새로운 차원이 사회지학에 개방됐다. 만약 인간 행동을 측정할 수 있다면, 통계적 상관관계만 찾아도 그런 행동의 원인을 발견할 수 있다는 뜻이었다.[24]

케틀레는 〈인간의 발전과 능력〉에 관한 장에서 범죄 통계를 소개한 다음 사회 현상이라는 영역이 강력한 법칙에 지배된다는 유명한 제안을 내놓는다.

소름끼치도록 놀라운 규칙성을 보이는 계산이 하나 있다. 바로 감옥, 갤리선(노예선), 교수대의 계산이다.

케틀레는 계속해서 이를테면 어떤 사람이 유죄 판결을 받은 범죄자가 될 가능성이 나이나 사회적 배경 같은 사실에 연결되는 과정을 보여주면서 좀더 미묘한 관계를 발전시킨다. 또한 프랑스 국립극장 소속 작가들의 연령과 생산성의 관계(케틀레가 한 말에 따르면 '희극적 재능과 비극적 재능을 관장하는 법칙'을 발견하려는 연구였다) 같은 문제뿐만 아니라 행동과 유전적 배경 사이에 나타날 수 있는 연관성까지 탐구했다. 프랑스와 벨기에를 다양한 음영으로 그린 지도는 교육 수준과 범죄 발생률의 유사한 분포를 제시하면서 이런 통계적 관계를 생생하게 보여줬다. 한참 뒤 미국 사회학자들이 개발한 '지점도spot map'의 선구자인 이 지도들은 이제 사회지리학에서 표준적 도구가 됐다. 그리하여 케틀레는 도덕 통계라는 표제 아래 묶을 수 있는 기나긴 일련의 조사 연구를 만든 창시자가 됐다.

이 조사 연구들은 우선 문제를 선택하고 분석에 필요한 데이터를 찾는 식으로 시작되지 않았다. 당연한 말이지만, 범죄, 이혼, 문맹, 학교 출석 같은 주제에 관한 공식 행정 통계의 부산물로 활용할 수 있게 된 데이터의 2차 분석이 출발점이 됐다.

처음에는 이 데이터들이 소개되고 특별한 목적이나 방법 없이 하나로 연결됐다. '도덕' 행동의 측정을 발전시킨다는 모호한 관념이 있을 뿐이었다. 《수치로 보는 도덕?Morality in Numbers?》[25]에서 이런 식의 통계 담론에 담긴 모호성을 지적한 이는 로베르트

---

23 케틀레는 이런 측정을 규명하기 위한 자세한 실험 설계를 제안했다. 오토 바우어(Otto Bauer)는 《살아 있는 마르크스주의(Der Lebendige Marxismus)》(Jena, 1926)에 실린 〈자본주의의 세계상(Das Weltbild des Kapitalismus)〉에서 여러 학문에서 나타난 이런 수량화 추세를 경제 구조상의 비슷한 발전하고 연결하려 시도했다.

24 이 역사적 스케치에서 가장 중요하게 생략된 부분이 있다면 프랑스가 사회지학에 한 기여에 관련될 듯하다. 이 흐름은 중상주의 시기에 콜베르가 지휘한 1665년 인구 조사로 시작돼 여기에서 설명하는 발전에 연결될 때까지 이어진다 — 영어판.

25 Robert Michels, *Sittlichkeit in Ziffern? Kritik der Sozialstatistik*, Munich: Duncker, 1928.

미헬스Robert Michels였다.

이탈리아의 알프레도 니체포로Alfredo Niceforo가 우선 목표 대상
을 정한 뒤 그 대상을 측정하기 위해 적절한 데이터를 수집하는
결정적인 발걸음을 내딛었다. 니체포로는 측정 지표를 개발하고
상이한 여러 사회와 문명을 비교하는 일에 착수했다. 니체포로
가 초기에 한 연구 중에서《북부 이탈리아와 남부 이탈리아Italiani
del nord e Italiani del sud》(1901)는 산업화된 북부 이탈리아 주민들과
남부의 가난한 농민들 사이에 나타나는 문화적 대조를 밝히려
는 시도였다. 방법론을 다룬 주요한 저작은《통계학 방법론, 그
리고 자연과학, 사회과학, 인문학에 관한 적용La méthode statistique et
ses applications aux sciences naturelles, aux sciences sociales et à l'art》(1925)이다.

케틀레의 관점과 니체포로의 징후 이론theory of symptoms[26]은 사
회심리학적 현상의 진행 과정을 설명하는 기술의 출발점일 뿐이
다. 그렇지만 활용할 수 있는 자료에서 관련된 데이터를 선별하
는 문제는 여전히 임의적이고 불완전했다. 데이터 자체가 주로
행정 통계의 부산물인 탓에 신중하게 사용하더라도 아직 조잡
하고 만족스럽지 않았다.

물품 조사 목록

평균 수치를 비롯한 지표들만으로는 생활 상태를 제대로 이해

할 수 없고, 각각의 삶을 다르게 만드는 세세한 내용까지 온전히 파악할 필요가 있다는 생각은 프레데리크 르플레[Frédéric Le Play]에게서 나왔다. 르플레는 한 가구가 가진 자세한 물품 조사 목록을 비롯해 해당 가구가 돈을 쓰는 방식과 사들인 물건을 사용하는 방식에 관한 세세한 지식이 특히 중요하다고 봤다. 이 사회학자는 프티부르주아와 농민의 세계가 대혁명의 중심에 서 있을지 몰라도 프랑스 학문을 이끄는 주류의 일부는 아니던 저 다른 프랑스의 대표자였다.

르플레는 1806년에 가난한 어촌에서 세관원의 아들로 태어났다. 훗날 세계적으로 유명세를 떨치게 되지만 끝까지 도시 생활을 혐오하고 원래 자기가 속한 시골 사람들을 좋아했다. 스물세 살부터 친구들하고 어울려 유럽 대륙 구석구석을 널리 돌아다니면서 이따금 프랑스의 한적한 농가나 오스트리아 남부 케른텐 주 산악 지대에 있는 숯쟁이 집에서 한동안 시간을 보내면서 그곳에서 발견되는 모든 사실을 기록했다.

1855년 오랜 여행에서 얻은 결과물을 처음 출간했다. 색다른 36개 가구에 관한 연구 논문을 모은 《유럽의 노동자들[Les Ouvriers Européens]》이었다. 논문은 모두 똑같은 구조였다. 우선 각 가족 구성원의 특성을 연령, 직업, 집안에서 차지하는 지위에 따라 간

---

26 여러 사회와 문명의 정신적이고 문화적인 특징을 통계적으로 파악해 사회적 징후를 발견하려는 이론 — 옮긴이.

략하게 기술한 뒤, 부모와 자녀의 관계, 삶의 길잡이가 되는 일반적인 도덕적 규칙과 상태, 그리고 마지막으로 가계비를 꼼꼼히 기술한다. 가계비에는 소득, 지출, 생산과 농작물 수확량, 심지어 고정 자산의 감가상각까지 기록했다. 모든 물품의 현금 가치를 꼼꼼하게 계산해서, 이를테면 거의 완벽하게 자급 경제 상태인 바슈키르인[27] 가족의 가계비를 정확히 기술할 수 있었다. "가계비를 살펴보면 이 가족의 생활을 샅샅이 알 수 있다. …… 한 가족의 …… 생활을 구성하는 모든 활동은 수입이나 지출로 어느 정도 직접적으로 나타나기 때문이다."[28]

이 논문들과 몇 년 뒤에 《두 세계의 노동자들Les Ouvriers des Deux Mondes》로 출간되는 논문들은 또한 나중에 르플레가 보수적이고 권위주의적인 사회 개혁 구상을 완성하는 과학적 토대가 됐다. 《유럽의 노동자들》 서문에서 르플레는 1848년 7월 혁명을 겪으면서 사회의 평화를 복원하는 데 기여하고 싶은 열망이 마음속에 가득차게 되더라고 설명했다. 르플레가 볼 때 평화로운 사회는 오로지 가족에 기초해야 했다. 위협받는 가족의 존재를 보호하는 일이 주요한 관심사였다.

그렇지만 이 연구 논문들이 지닌 역사적 중요성은 르플레가 생각한 방향하고는 다른 쪽에 있었다. 르플레는 통계를 위해 '전형적인' 가족을 선별하려 했지만, 그런 선별은 불가능하다는 현실이 처음으로 마주친 장애물이었다. 가계비 수치의 사회지학적 중요성은 르플레 이전부터 인정됐으며, 법적 소분류의 끝없는 목록을 통해 소득 유형을 고생스럽게 구분하는 사례처럼 개별 가계비 항목을 조정한 르플레의 방식은 얼마간 서투르고 교조적이었다.[29] 또한 르플레가 데이터에서 끌어낸 결론들은 대부분 오류로 드러났다. 이를테면 르플레는 산업을 혐오하는 보수적 태도 때문에 독립 장인들의 상태를 지나치게 유리하게 봤다.[30]

르플레의 저작이 미친 이례적인 영향은 다른 업적에서 유래한다. 세부 항목과 자세한 물품 조사 목록이 지닌 사회지학적 의미를 처음으로 인지한 인물이 르플레였다. 정부 공식 질문지에 보이는 분명하지 않은 수치들에 비교할 때, 르플레의 연구 논문에는 생활의 힘 자체가 담겨 있다. 자기가 발견한 잠자리, 침구, 그릇 등 온갖 가재도구의 종류와 숫자에 관한 꼼꼼한 목록이나 빈의 목수가 일요일에 작성한 가계부(이를테면 '과일빵에 넣을 건포도')를 통해 르플레는 전통적 사회지학이 거의 관심을 기울이지 않은 새로운 차원을 열어젖혔다.

또한 데이터 수집이라는 르플레의 방법 자체가 커다란 진전을 의미했다. 사소한 활동을 아주 정확하게 기록하기, 원천 자료에 관한 종합적인 기록을 고집하기, 관찰자를 조사 분야에 비

---

27 볼가 강과 우랄 산맥 사이, 그리고 우랄 산맥 너머에 사는 투르크족 — 옮긴이.

28 Frédéric Le Play, *Les Ouvriers Européens*, 2nd ed., vol. I, Paris: Imprimerie impériale, 1855, p. 224.

29 앞의 책, p. 26.

30 Alfons Reuss, *Frédéric Le Play in seiner Bedeutung für die Entwicklung der sozialwissenschaftlichen Methode*, Jena: Fischer, 1913.

개입적으로 몰입시키기 같은 방법은 그 뒤 사회지학의 기본 요소가 됐다. 그렇지만 르플레를 따른 열정적인 프랑스 제자들이 한 숱한 연구는 가계비라는 획일적인 '기본 요소'에 교조적으로 집착하는 한편으로 다른 방법, 특히 통계학을 완고하게 거부하면서 의미를 잃었다.

프랑크푸르트의 쾌활한 사회학자 겸 통계학자인 고틀리프 슈나퍼-아른트Gottlieb Schnapper-Arndt는 직계 제자는 아니지만, 르플레가 한 연구를 지속하는 데 중요한 구실을 했다. 부인이 고용한 침모(바느질 전담 하녀)를 다룬 사회지학적 전기인 《내리켈레Nährikele》는 이 전통에 속하는 가장 매혹적인 연구 논문의 하나로, 통계 수치를 생생하고 의미심장한 세부 사항에 결합시킨다.[31] 대표작은 《호헨타우누스의 다섯 마을Five Village Communities in the Upper Taunus》이다. 여기에서 슈나퍼-아른트는 가계비 조사 항목의 설계를 수정할 뿐만 아니라 무엇보다도 자세한 정보를 그 정보가 생겨난 사회적 환경에 관한 정확한 기술의 일부로 만드는 등 몇몇 측면에서 르플레가 제시한 방법을 발전시켰다.[32]

르플레의 저작을 결정적으로 계승한 쪽은 미처 예상하지 못한 분야인 통계학자들이었다. 르플레는 통계 조사가 저지르는 '무의미한 숫자의 나열'을 생생한 물품 조사 항목과 세부 사항을 향한 관심으로 대체하려 했다. 르플레 자신은 물품 조사 항목과 통계학의 종합을 예상하지 못했다. 르플레가 제시한 데이터를 가지고 유명한 가계비 법칙을 입증해서 통계학과 조사 목록 연구 사이의 간극을 처음으로 메운 이는 바로 독일의 통계학자 에른스트 엥겔Ernst Engel이었다. 이 과정에서 엥겔은 케틀레와 르플레라는 두 사람의 과학자, 프티부르주아와 농민의 나라 프랑스라는 보수적 토양에 정신적 뿌리가 굳게 박혀 있는 프랑스 지성의 두 대표자에게서 그토록 흥미진진하게 구현된 갈등을 해결하는 경지에 이르렀다.

엥겔의 법칙

이제 우리는 가계비 분석의 발전을 좀더 자세히 들여다보려 한다. 1853년 케틀레가 주재하는 국제통계학대회가 처음으로 열렸다. 벨기에의 에두아르 뒥페티오Édouard Ducpétiaux가 제출한 문서에 따라 '노동 계급의 재정 예산을 조사하기 위해' 각 나라별로 기금을 모은다는 취지의 결의안이 통과됐다. 나라마다 지역별로 각 사회 계층(빈곤층, 중간층, 부유층)의 세 가구를 선별해서 비교할 수 있는 충분한 근거를 확보하기로 했다.[33]

31 Gottlieb Schnapper-Arndt, *Vorträge und Aufsätze*, Leo Zeitlin(ed.), Tübingen: Laupp, 1906. Gottlieb Schnapper-Arndt, *Zur Methodologie sozialer Erhebungen*, Frankfurt a.M.: Auffarth, 1888도 보라.

32 Gottlieb Schnapper-Arndt, *Fünf Dorfgemeinden auf dem Hohen Taunus*, Leipzig: Duncker & Humblot, 1883(New edition, Vlg. f. Demoskopie, 1963).

33 *Compte rendu des travaux de congrès général de statistique à Bruxelles, le 19-22 février 1853*, Bruxelles: M. Hayez, 1853, p. 157.

대회 직후에 뒤페티오 자기가 노동 계급 가구의 가계비 기록을 잇달아 수집해서 관련된 글하고 함께 출간했다.[34] 이 기록은 노동자의 생활 수준에 관한 전반적인 통찰을 낳았지만, 또한 전당포나 선술집 같은 장소가 노동자의 삶에서 어떤 구실을 하는지도 드러냈다. 거의 같은 무렵이지만 완전히 독자적으로 르플레의《유럽의 노동자들》이 출간됐다. 이 두 저작에 담긴 가계비 기록을 바탕으로 연구한 엥겔은 〈작센 왕국의 생산, 그리고 생산과 소비의 관계Production and its Relations to Consumption in the Kingdom of Saxony〉라는 논문에서 유명한 가계비 법칙을 만들어냈다. 가구의 전체 예산이 작을수록 식품에 지출되는 소득의 비중이 커진다는 법칙이었다. 따라서 이 비중 자체가 가구의 생활 수준을 보여주는 가장 단순한 지표가 된다.[35] 에른스트 라스페르Ernst Laspeyres와 아돌프 슈바베Adolf Schwabe는 엥겔이 수행한 조사 연구를 이어받아 일반성은 떨어지지만 좀더 정교한 가계비 법칙을 도출해냈다.

그렇지만 식품과 의복 같은 개별 가계비 항목을 폭넓고 중요한 몇몇 범주로 결합하면서 엥겔은 통계 분석의 가능성을 소진시키지 않았다. 엥겔은 르플레의 연구 논문을 재분석하는 일을 '실로 꿰지 않은 허울 좋은 진주알들'이라고 설명한다. 엥겔은 또한 이 과정에서 진주가 참된 가치, 곧 세부 사항이라는 귀중한 색채를 일부 잃었다는 말을 덧붙일 수도 있었다.

매사추세츠 주 노동국장으로 유명세를 떨친 캐럴 라이트

Carroll Wright가 한걸음 더 진전을 이룩한 첫 인물이다. 엥겔이 출간한 저작에 고무된 라이트는 노동 계급에 속하는 357가구의 가계비를 분석했다.[36] 그리고 가계비 수치에 르플레하고 똑같은 방식으로 각 가구에 관한 간략한 설명을 덧붙여서 이 통계를 대단히 생생하게 만들었다. 가계비 자체에서 개별 항목의 중요성은 금액만이 아니라 지위 가치status value에서도 생겨났다. 따라서 식사의 종류, 카펫의 숫자, 가족이 소유한 악기 등에 관한 도표가 작성된다. 이 조사는 특유한 세부 사항이 지니는 중요성에 관한 르플레의 사고를 채택한 최초의 대규모 통계 조사였다. 따라서 엥겔과 라이트는 전문적이고 제한된 분야이기는 하지만 처음으로 물품 조사 목록과 통계를 종합하는 성과를 달성했다.

가계비 분석 자체는 무엇보다도 미국에서 더 많은 연구가 진행된 결과로 얼마 전부터 큰 진전을 보이고 있다. 지리적 지역이나 가장의 연령 같은 요소들이 미치는 영향을 확인하기 위해 추세 변동과 상관관계 분석을 가계비에 적용하면서 사회학적 분석에 관한 새로운 관점이 확보되고 있다. 이를테면 칼 클라크 지머맨Carle Clark Zimmerman은 물리적 가정용품을 구매하는 지출에 견줘 지적이고 예술적인 욕구를 충족하는 데 쓰는 지출이 더 큰

---

34 E. Ducpétiaux, *Budgets économiques des classes ouvrières en Belgique*, Bruxelles: M. Hayez, 1855.

35 Ernst Engel, "Die Productions— und Consumtionsverhältnisse des Königreichs Sachsens", *Zeitschrift für das Büro des königlichen sächsischen Ministerium des Innern*, Nr. 8 und 9, 22 November 1857.

36 Massachusetts Bureau of Statistics of Labor, *Fifteenth Annual Report of the Bureau of Labor of Massachusetts*, Boston: Massachusetts Bureau of Statistics of Labor, 1923.

변동을 보인다는 사실을 발견했다.[37] 가계비 연구는 영양 통계에 관련되면서 한층 진전을 보였는데, 이런 확대는 생활 수준이 최저 생계 수준에 가깝거나 그 아래인 사례에서 중요해졌다.[38]

지금까지 가계비 통계의 발전을 자세히 설명한 이유는 이 연구가 사회지학의 도구 상자에서 중요한 위치를 차지하게 된 때문이었다. 가계비 수치는 생활 방식을 보여주는 신뢰할 만한 지표의 하나이며, 상대적으로 손쉽게 확보할 수 있는데다가 공간과 시간에 걸쳐서 비교하기도 용이하다.

그렇지만 가계비가 한 가구 안에서 일어나는 관련된 모든 일들의 표현이라는 르플레의 견해는 확증되지 않았다. 이를테면 자녀 양육 방식 같은 가장 중요한 관심사는 반드시 가계비로 표현되지 않는다. 가계비는 한 가족의 지적 상태와 정신적 상태에 관해 중요한 암시를 주기는 하지만 결국 물질적 생활 수준을 표현하는 데 지나지 않으며, 전체적인 그림을 파악하려면 다른 사회지학적 데이터로 보완해야 한다.

그런데 가계비 분석은 그 범위가 제한되기는 해도 가계비로 표현되는 자세한 물품 조사 항목과 통계를 결합하면 사회지학의 발전에 매우 중요한 일반적인 원리가 나타난다. 전통적으로 사회지학을 연구하는 학자가 입수할 수 있는 정보는 공공 행정의 부산물로 생성된 데이터를 넘어서는 경우가 드물다. 다음 단계의 주요한 발전은 기초적인 데이터 탐색이 가계비를 넘어서 중요한 데이터 전체를 겨냥한 때 일어났다. 그다음 단계는 사회정책학회가 수행한 연구, 그리고 특히 가장 저명한 회원인 막스 베버가 수행한 연구를 통해 발전했다.

사회정책학회

독일에서는 상당한 규모의 행정 통계 산출량은 제쳐두고라도 사회지학적 조사 연구가 주로 당대의 사회적 쟁점을 겨냥했다. 그중 첫째 사례는 1838년 프로이센 정치경제학회가 주관한 농업 노동자 생활 상태에 관한 조사다.[39] 이 조사에서 사용한 기법은 꽤 원시적이었다. 지역의 각종 위원회와 농민협회에 설문지를 보낸 다음 답변이 들어오는 대로 별다른 분석이나 언급을 하지 않은 채 그대로 출간했다. 그러니 '체벌을 폐지하면 …… 절도가 늘어난다'거나 '일하기 싫어하는 이들을 강제로 일을 시키면 …… 상황이 개선될 수 있다' 같은 조사 결과가 나와도 놀랄 일은 아니었다.[40]

37 Carle Clark Zimmerman, "Principles of Expenditure of Farm Incomes", *Proceedings of the American Sociological Society*, vol. 22, p. 219. 또한 Carle Clark Zimmerman, "The Family Budgets as a Tool of Sociological Analysis", *American Journal of Sociology*, vol. 33, 1928, p. 901도 보라.

38 여기에 관련된 문제들은 지기스문트 펠러(Sigismund Peller)가 요약한 내용을 참조하라(S. Peller, *Aufgaben und Methodik der Erhebungen über Massenernährung, Zeitschrift für Ernährung*, vol. I, 1931, p. 247).

39 A. V. Lengerke, *Die ländliche Arbeiterfrage*, Berlin: Schröder, 1849, p. 113.

40 앞의 책, p. 285.

그 뒤 수십 년간 다양한 정부 기관과 준정부 기관이 주관해서 비슷한 사회 조사가 숱하게 진행됐고, 1872년에 사회정책학회가 창설됐다. 학회는 유명한 회의와 출간물을 통해 상당히 많은 조사 활동의 중심지가 됐고, 무엇보다도 이 조사 연구에서 제기되는 여러 방법론적 문제를 논의하는 중추로 부상했다.

독자적으로 대규모 조사를 수행하기 전에 당대의 저명한 사회과학자와 통계학자들을 회원으로 둔 학회는 다른 나라, 특히 영국에서 활용되는 조사 연구 방법의 현상태에 관한 특별 보고서를 주문했다.[41] 그렇다고 하더라도 독일이 영국만큼 거대한 규모로 조사를 진행한 때는 한참 뒤다. 분명 영국의 조사 방법을 독일의 행정 체계에 곧바로 적용할 수 없었고, 독일은 영국처럼 공공의 지원을 받으면서 자유롭게 이런 종류의 연구를 할 수 있는 여건이 되지 않은 탓에 데이터에 접근하기도 어려웠다.

그 뒤 사회정책학회가 펼친 활동과 여러 대학교에 자극을 받아 잇달아 조사 연구가 등장했다. 특히 베를린에서는 구스타프 슈몰러Gustav Schmoller가, 뮌헨에서는 프란츠 클레멘스 브렌타노Franz Clemens Brentano가 이런 조사를 이끌었다. 이 조사 연구들은 모두 당대의 현안을 다뤘지만, 그 시기에 독일 학계를 좌지우지하던 역사학파의 특징이 고스란히 배어 있다. 대개 다른 자료의 부산물이면서 관찰과 인터뷰로 보완된 통계 데이터는 단순한 기술記述을 넘어서 활용되지 않았다. 분석은 단순한 비교 이상으로 나아가지 않았다. 인과 관계를 확인하려는 시도도 드물었고,

진전된 통계 방법도 거의 없었다. 역사학파 전체의 업적이 그렇듯이, 이 조사 연구의 업적은 사회와 경제의 다양한 분야에 관한 소중한 기술적 데이터를 확보한 데 있다.

1870년대가 시작될 무렵까지 농업 노동자와 농민의 상태가 관심의 초점이었다. 그때부터 줄곧 대중적 관심이 점차 산업 노동자로 옮겨갔다. 이 계층이 직면한 문제는 단순히 '노동자 문제 Arbeiterfrage'라는 명칭을 얻었다. 그리고 한참 뒤에야 화이트칼라 계층이 조사 연구자들의 관심을 끌었다.

사회지학 연구의 새로운 시대는 사회정책학회가 다양한 산업 부문에 속한 노동자들의 직업 선택을 조사하면서 시작됐다.[42] 막스 베버와 베버의 동생 알프레트 베버가 처음 시작하고 지휘한 이 작업은 각기 다른 많은 공장에 관한 연속 연구 논문으로 구성됐다. 막스 베버 본인이 개발한 계획에 따라 공동 연구자들이 팀을 짜 데이터를 수집하고 분석했다.[43] 조사를 한 목적은 다음 같다.

한편으로 산업이 노동자들의 인성과 직업 경로, 사생활에 어떤 영향을 미치고, 노동자들에게서 어떤 신체적이고 정신적인 특질을

---

41 *Schriften des Verein für Sozialpolitik*, vol. 13 (1877).

42 Verein für Sozialpolitik, Schriften des Verein für Sozialpolitik, Vols. 133–135, Leipzig: Duncker & Humblot, 1910~1912.

43 Max Weber, *Gesammelte Aufsätze zur Soziologie und Sozialpolitik*, Tübingen: J. C. B. Mohr, 1922로 재출간됐다.

발전시키며, 이 특질이 노동자들의 생활 방식에서 어떻게 나타나는지를 확인한다. 그리고 다른 한편으로 윤리적, 사회적, 문화적 배경과 전통, 각 노동자의 개별적 생활 환경에서 나타나는 이런 노동자들의 특질이 산업 자체의 발전 능력과 이 발전이 취하는 방향을 어느 정도나 규정하는지도 확인한다.[44]

이 연구를 위한 핵심 데이터는 해당 공장의 급여 명세서와 개인별 기록, 그리고 노동자와 관리자 인터뷰를 통해 입수했다. 조사는 노동자의 연령, 성별, 출신 배경, 정치적 관심, 그 밖의 특징에 따라 직무 수행 능력을 분석하는 데 의지했다. 이 조사에서 가장 중요한 혁신은 '노동 계급의 상태' 같은 불분명한 내용을 기술하는 수준을 목표로 삼는 대신 노동자의 인성과 더 나아가 주변 환경의 구체적 요인들에 초점을 맞춘 점이다. 다음 같은 질문이 던져졌다. "현대 산업은 그 독특한 구조를 통해 어떤 종류의 인간을 만들어내는가? 그리고 어떤 종류의 직업적 삶(그리고 따라서 간접적으로 직업 바깥의 삶)을 노동자에게 제공하는가?"[45] 따라서 산업 노동자에 관해 입수할 수 있는 많은 데이터 중에서 핵심적인 문제에 관련된 데이터만 선별됐고, 핵심적인 질문을 명확히 밝히기 위해서 이 데이터들 사이의 관련성을 살펴봤다.

'관련 데이터'를 선별한다는 생각은 사회지학의 발전에서 대단히 의식적인 한 걸음이었다. 막스 베버는 독일 철학자 하인리히 리케르트[Heinrich Rickert]와 빌헬름 빈델반트[Wilhelm Windelband]의 저술에서 정점에 다다른 방법론 논쟁을 거쳐 얻은 연구에 통찰력을 발휘했다. 베버가 보기에 사회조사는 인간 행동에 부여된 특수한 문화적 의미에서 타당성을 끌어낸다. "경험적인 과학적 연구에 방향성을 부여하는 요소는 문화적 관심, 곧 가치 관심[value interests]이다."[46]

그렇지만 일단 문제가 정의되자 이 연구의 결정적인 둘째 특징이 드러나서 완벽하게 기술하기 위해 최대한 범위를 넓히려는 노력이 대대적으로 실행됐다. 산업 고용에 영향을 받는다고 여겨지는 행동의 모든 측면이 관심사가 됐다. 일터와 가정에서 하는 수행과 행동, 대인 관계, 여가 활동, 장래 계획과 희망, 생활과 노동의 양상 전체가 탐구의 대상이 됐다.

주관적인 '심리적' 요인을 강조하는 방식은 윤리적 문제를 강조하는 독일 사회과학 전반, 그리고 특히 사회정책학회의 전통에 속하는 특징이었다. 사회정책학회의 주요 성원 중 한 명인 아돌프 헤르크너[Adolph Herkner]는 첫 저서를 '노동 만족도' 문제에 전

---

44 Max Weber, 앞의 책, p. 1.

45 Max Weber, 앞의 책, p. 37.

46 Max Weber, "Der Sinn der 'Wertfreiheit' der soziologischen und ökonomischen Wissenschaften", *Gesammelte Aufsätze zur Wissenschaftslehre*, Tübingen: J. C. B. Mohr, 1922, p. 277. 레오폴트 폰 비제('관계학(Beziehungslehre)')는 조사해야 하는 문제를 선별하는 과제에 독자적으로 접근했다. 게다가 폰 비제가 지휘해서 《사회 조직체로 보는 마을(Das Dorf als soziologisches Gebilde)》(1928) 등 일련의 흥미로운 사회지학 연구들이 나왔다. 폰 비제는 또한 자기가 창간한 《쾰른계간사회학》에 전세계에서 나온 사회지학 문헌을 정기적으로 소개해 독일 사회지학이 세계적 흐름을 계속 접촉하게 하는 중요한 과제를 수행했다.

적으로 할애했다.[47] 막스 베버도 엘베 강 동쪽 농업 노동자들의
상태에 관한 글에 붙인 서론에서 이렇게 말했다.

여기서도(생활 수준에 관한 기술에서도 — 영어판) 주관적 요소들
을 설명에서 배제하는 방식은 받아들이기 어렵다. …… 그런 요소
는 노동자가 얼마나 버는가 하는 문제일 뿐만 아니라 노동자와 고
용주가 주관적으로 지금 수준의 합의에 만족하는가, 그리고 만약
만족하지 못한다면 양 당사자의 동기와 바람, 이해관계가 어느 방
향으로 향하는가 하는 문제이기도 하다. 미래는 객관적 요소와 주
관적 요소 둘 다에 좌우되기 때문이다.[48]

아돌프 레벤슈타인Adolph Levenstein의 《노동 문제The Labor Problem》
같이 고지식한 조사 연구도 성공을 보장받은 이유는 독일 사회
지학이 이렇게 '주관적' 요소들에 확고하게 관심을 기울인 때문
이었다.[49] 이 연구는 노동자들이 작성한 설문지 5040개, 그것도
주로 태도와 정서, 요컨대 외적 행동보다는 내면적 삶에 관심을
기울이는 설문 결과를 통해 발견된 사실을 모은 결과물이었다.
종종 천박한 질문("숲에 자주 가십니까?", "완전히 혼자인 채로
숲에 누워 있으면 어떤 생각이 드나요?")을 던지는데도, 아니 그
런 점 때문에 아주 진지하게 쓴 이 책에는 그전까지 체계적인 연
구의 대상이 아니던 여러 차원에 관련된 흥미로운 데이터가 풍
부하게 담겨 있다.[50]

여기서 우리는 사회정책학회가 후원해서 진행된 조사 연구들이 눈에 띄게 결함이 있다는 사실을 알게 된다. 연령, 출신 배경, 임금, 직무 수행 등에 관한 객관적 데이터는 철저하고 정밀하게 제시되거나 분석되는 반면, 태도와 정서에 관한 언급은 기껏해야 맥락에서 벗어난 몇 가지 인용문하고 나란히 고작 인상평으로 뒷받침된다. 정밀성에서 급여 정보에 맞먹는 심리학적 데이터를 확보하기 위한 방법론의 발전은 나중에 다른 원천에서 일어나게 된다.

사회정책학회가 수행한 연구가 현대 산업 노동자의 전체적인 생활 양상을 기술한다는 주요한 목표를 달성하는 데 실패한 이

---

47 Adolph Herkner, *Die Bedeutung der Arbeitsfreude in Theorie und Praxis der Volkswirtshaft*, Dresden: Zahn & Jaensch, 1905.

48 Verein für Sozialpolitik, *Schriften des Verein für Sozialpolitik*, Vol. 15, Leipzig: Duncker & Humblot, 1892, p. 6.

49 Adolph Herkner, *Die Arbeiterfrage*, Munich: E. Reinhardt, 1912. 헤르크너가 위대한 저작 《노동자 문제(Die Arbeiterfrage)》(1916, 제6판) 1권 24쪽에 이 연구를 호평한 부분을 보라.

50 이 맥락에서 우리는 약간 나중에 영국 런던에서 나온 매력적인 연구를 언급해야 했다. 가난의 새로운 심리적 차원을 파악하려고 시도한 이 연구는 공들인 제목으로 가장 잘 설명된다. 《노동자들의 능력 — 가장, 생산자, 시민으로서 자기의 책임을 수행하는 성인 육체노동자의 역량에 관한 세인트필립스 사회복지관 교육경제학연구회(셰필드)의 탐구(The Equipment of the Workers, An Enquiry by the St. Philip's Settlement Education and Economics Research Society(Sheffield), into the Adequacy of the Adult Manual Workers for the Discharge of their Responsibilities as Heads of Households, Producers and Citizens)》(1919). 이 연구는 소수이지만 통계적 대표성을 가진 셰필드 지역 육체노동자의 표본을 대상으로 해서 오늘날 우리가 쓰는 표현대로 하면 심층 인터뷰를 진행했다. 이 연구가 확인하고 등급을 매기려 한 차원들 중에는 진선미를 향한 사랑도 있었다. 인터뷰어들이 받은 지침에서 다음 같은 내용은 의미심장하다. "**여가.** 상대방이 좋아하는 취미를 주제로 삼으면 이 항목 아래에 있는 모든 질문에 답을 하게 마련이다. 너무 갑작스럽게, 직접적으로 질문하지 말 것. **상대가 말하게 하면,** 차례대로 원하는 항목을 대부분 얻을 수 있다. 상대의 텃밭을 볼 수 있으면, 텃밭의 상태 등에 관한 의견을 적어 둘 것. '항상 술집에 있다' 같은 부인이나 이웃이 한 말의 신뢰성을 확인할 것." — 영어판.

유는 이런 결함 때문이다. 막스 베버가 이런 조사 연구 계획의
필수 불가결한 일부분으로 본 총체성은 연구가 실행되는 과정에
서 사라졌다.[51]

미국의 조사 연구

미국은 이례적으로 빠른 속도로 사람들이 정착했고, 동화되지
않은 새로운 이민자들이 계속 유입돼 당혹스러운 여러 사회 문
제가 발생했다. 1880년대에 적절한 정부 정책이 부재한 탓에 복
지 문제를 둘러싸고 관심이 높아진 결과, 대규모 사회지학적 조
사를 바탕으로 이 문제를 연구하려는 시도가 이어졌다. 이런 노
력 덕분에 알맞은 시점에 미국 특유의 형태를 띤 사회지학이 발
전했다. '조사 연구'라고 불리는 전반적인 그림의 일종이었다.[52]
원래 지리적 측면에서 규정되다가 나중에 특별한 문제들에 관
련되는 비교적 제한된 분야는 다양한 방법과 여러 상이한 시각
으로 기술된다.

　전반적인 그림을 확보하려는 이런 경향에도 미국의 조사 연
구는 유럽 사회지학하고 비슷한 발전 단계를 거쳤다. 다양한 정
부 부처, 그중에서도 주로 10년마다 안성맞춤으로 진행되는 연
방 인구 조사를 통해 수집한 행정 통계에서 뽑아낸 데이터하고
함께 시작됐다. 이 데이터들을 한데 모아 서로 유의미한 관련성

을 살폈다. 인구, 주거 상태, 직업, 질병, 범죄, 선거 결과 등에 관한 수치를 원래 출처가 된 사회 전체에 결합함으로써 상호 연관성을 보여주려 했다. 최초의 도시 조사 연구는 사실상 이런 사회적 데이터의 재통합에 국한됐다. 그렇지만 복지 문제를 향한 관심은 여전히 매우 강하게 드러났다. 이를테면 1908년 피츠버그에서 진행된 대규모 조사 연구는 철강 공장의 높은 재해 발생률에 관한 중요한 논의에서 정점에 다다랐다.[53]

미국에서 초기 형태의 조사 연구가 이혼과 범죄 관련 통계 같은 공식 행정 통계에 반영된 경우에만 사회심리학적 문제들을 다룬 점은 첫째 단계의 특징이다. 이런 조사 연구에 필요한 데이터는 대체로 이미 확보된 통계에서 수집됐다. 데이터를 특별히 수집하는 방식은 나중에 발전했다. 스프링필드 조사 연구(1914)는 이런 방향으로 진일보한 주요한 사례다. (지나가는 김에 말

51 사회 문제에 관한 경험적 연구를 향해 고조되는 관심은 헝가리에서 이례적으로 강한 반향을 일으켰다. 세기 전환기 무렵, 전문적 관심사는 다양하지만 하나같이 자유주의와 사회주의 성향을 지닌 한 무리의 탁월한 지식인들이 두 기관을 설립했다. 무엇보다도 두 기관은 개혁이 필요한 사회 문제에 관련된 다양한 경험적 연구를 장려하고 간행물을 출간했다. 바로 갈릴레이 클럽(Galilei Club)과 평론지 《20세기(Huszadik Szazad)》가 주인공이다. 오스카르 야스치(Oscar Jasci), 졸탄 로나이(Zoltan Ronai), 지그문트 쿤피(Sigmund Kunfi), 알베르트 할라시(Albert Halasi), 칼 폴라니 등이 이 진영의 대표 인물이었는데, 1차 대전 이전 부다페스트의 지적 분위기에 큰 영향을 미쳤다. 이 사람들이 쓴 많은 평론은 미국에 갔다가 돌아오는 이민자들, 구호 대상 가정의 생활 상태, 농업 노동자, 생활비, 질병률 등에 관한 사회지학적 조사로 가득하다 ― 영어판.
52 미국 조사 연구의 사회정치적 기원은 1898년 '자선기구협회(Charity Organization Society)'가 복지 문제 전문지로 창간한 정기 간행물이 제호를 《조사 연구(Survey)》로 바꾼 사실에서 드러난다.
53 우리는 한참 전에 미국에서 나온 주요한 업적, 그리고 더불어 영국의 조사 연구 전통과 그런 업적을 잇는 중요한 연계를 간과했다. 윌리엄 두보이스(W. E. B. Dubois)가 쓴 걸작 《필라델피아의 흑인(The Philadelphia Negro)》(1899)은 찰스 부스의 영향을 직접적으로 받은 저작이다 ― 영어판.

하자면, 적어도 영미 사회지학과 민족지학의 연관성을 언급해야 한다. 윌리엄 리버스W. H. R. Rivers가 한 연구는 특히 지속적인 영향을 미쳤다.)

그 뒤 조사 연구 기법은 이미 입수 가능한 데이터를 통합하는 데 기술을 국한하지 않는 방향으로 나아갔다. 조사 연구자들은 관련된 데이터를 선별하는 과정에서 자유를 더욱 확대시켰다. 사회적 과정에 관한 관찰은 행정 체계를 마주치는 접촉점에서 벗어나 덜 가시적인 영역으로 이동했다. 그 단계에서 이를테면 생애사 자료를 포함한 종합적인 조사 연구 방법이 인정을 받게 됐고, 이제 문제를 선별하는 과정이 조금은 우연적인 데이터를 입수할 가능성에 의존하지 않게 됐다. 동시에 이른바 심리학적 데이터가 기술의 일부가 되기 시작했다.

전문가 집단을 훌쩍 넘어서 관심을 끈 조사 연구의 하나인 《미들타운Middletown》[54]은 인디애나 주에 있는 어느 소도시를 조사한 결과물이었다. 한 가지 중요한 면에서 이 조사는 거대한 진전을 나타냈다. 능숙한 전반적 기술과 학교와 가정생활에 관한 생생한 묘사를 결합함으로써 이 책은 미들타운의 삶이 어떤 모습인지 알려주는 전반적인 이미지를 제시했다. 미들타운 사람들의 가정생활에 식탁과 자동차라는 두 가지 중심이 자리한다는 관찰이 이런 특징을 잘 보여준다. 그렇지만 한 가지 면에서 《미들타운》은 어쩌면 퇴보를 나타냈다. 조사 대상인 도시를 익명으로 처리하는 방식에서 두드러지듯이, 사회 문제나 정치 문제에 별로 관심을 기울이지 않는 단점이 있다. 흥미롭게도 예전의 조사 연구에서 출발점이 된 질병, 범죄, 자살, 쇠퇴와 해체의 징후 등을 거의 다루지 않는다.

미국에서는 통계를 중심으로 하는 조사 연구하고 나란히 조사 연구의 둘째 형태가 발전했는데, 대학의 사회학과와 사회심리학과에서 나온 이 조사 연구는 처음에는 양적 분석을 별로 중요시하지 않았다. 여기에서는 조사 대상인 문제를 좀더 자세하게 구조화하는 데 강조점을 뒀다. 이런 연구의 첫째 사례는 시카고 대학교 소속 사회학자 윌리엄 토머스W. I. Thomas와 플로리안 즈나니에츠키Florian Znaniecki가 수행한 기념비적인 조사 연구《유럽과 미국의 폴란드 농민The Polish Peasant in Europe and America》이다. 사회지학적 조사를 위해 생애사 자료를 대규모로 활용한 사례는 이때가 처음이다.《폴란드 농민》은 편지 1만 5000여 통을 비롯한 생애사 자료의 도움을 받아 해외 이주가 미치는 영향을 살피고 새로운 대륙에서 마주한 도시 경제와 문화 아래에서 최초의 농민 가족이 해체되는 과정을 기술했다. 저자들은 변화하는 상황 속에서 이 폴란드 이민자들의 행동을 추적하면서 사회학적 통찰을 얻으려 했다. 이 연구에서 등장해 심리학이 발전하는 데 특히 기여한 요소는 행동이란 개인들의 태도가 상호 작용하

54 Robert S. Lynd and Helen M. Lynd, *Middletown: A Study in Contemporary American Culture*, Harcourt Brace Javanovich: New York, 1929.

표 1 흑인들이 대중적 관심을 쏟는 분야

	1918년	1928년
정치	12%	3%
문화	4%	15%
사건 사고(범죄 등)	57%	53%
스포츠	6%	18%
기타	21%	11%
총계	100%	100%

면서 결정된다는 사고다. 《폴란드 농민》은 풍부한 생애사 자료의 도움을 받아 이런 생각을 입증하려 했다. 마찬가지로 프레드릭 스래셔Frederic M. Thrasher가 쓴 《갱단The Gang》이나 하비 조보H. W. Zorbaugh가 쓴 《골드코스트와 슬럼가The Gold Coast and the Slum》[55]처럼 나중에 시카고학파에서 등장한 연구들도 자료를 통계적으로 분석하려 하지 않았다.

이런 흐름하고 동시에 다른 곳에서는 수량화, 곧 통계적 조사 연구가 여러 새로운 주제들에 관련해서 진전했다. 이를테면 미국 서북부의 벌목꾼들을 다룬 연구를 보면, 벌목꾼들이 나누는 대화 주제를 표로 정리했다. 포르노가 23퍼센트, 개인적 경험과 일이 11퍼센트, 현재 상황을 향한 비판이 8퍼센트 등이다.[56] 마찬가지로 **표 1**에 나오는 수치는 신문 보도 내용에 관한 정보용으로 추출한 결과로, 흑인들에게 특히 중요한 다양한 문제들을 둘러싸고 대중적 관심이 이동하는 흐름을 함축적으로

보여줬다. 백분율로 표시되는 신문 기사 분량의 비중을 10년 간 격으로 비교해보니 다음 같았다.[57]

바야흐로 한층 더 정교한 지표들이 개발되고 있었다. 성비 불균형, 범죄 발생률, 토지와 단독 주택과 아파트의 가격, 인구 이동 등에 관한 지표가 만들어졌고,[58] 개인이 단체에 열성적으로 참여하는 정도에 관련된 지표까지 나왔다. 개인이 맡는 구실과 이런 구실을 수행하는 데 할애하는 시간의 양을 바탕으로 만들어진 지표였다.[59]

칼 클라크 지머맨은 농민 345명이 농업협동조합과 관세 정책에 관련된 질문에 드러내는 태도를 조사했다.[60] 인터뷰를 진행한 결과 (무엇보다도) 농업협동조합을 향한 반감은 농민의 연령과 소득에 함수 관계를 보이며, 평균 소득 이상인 60세 이상 농민들 사이에서 반감이 가장 강하다는 사실이 드러났다. 마찬가지로 사회학자들은 완전히 새로운 일군의 태도와 가치 지위value

55 Frederic M. Thrasher, *The Gang*, Chicago: University of Chicago Press, 1927; H. W. Zorbaugh, *The Gold Coast and the Slum*, Chicago: University of Chicago Press, 1929.

56 Robert Marshall, "Contribution to the Life History of the North-Western Lumberjack," *Social Forces*, Vol. 8, No. 2, 1929.

57 G. E. Simpson, "Negro News in the White Newspapers of Philadelphia," *Proceedings of the American Sociological Society*, vol. 25, 1931.

58 Ernest W. Burgess, *The Urban Community*, Chicago: University of Chicago Press, 1926.

59 J. H. Kolb, "Family Life and Rural Organization," *Proceedings of the American Sociological Society*, vol. 23, 1929, p. 146.

60 Carle Clark Zimmerman, "Types of Farmer Attitudes." Social Forces, vol. 5, p. 591과 Carle Clark Zimmerman, "A Report on Research in Rural Sociology at the University of Minnesota," *Proceedings of the American Sociological Society*, vol. 23, 1929.

^{position}, 곧 편애, 혐오, 사회적 거리,⁶¹ 갈등의 위험 등을 측정하기 시작했다.

이런 시도들은 때로 능력 범위를 넘어서 확대되기도 했지만, 미국의 수량화 사회지학은 미국이라는 경계를 훌쩍 넘어 사회지학에 강력한 자극제로 작용하고 있다.

지금까지 미국 사회지학이 연구한 주제들을 살펴보면, 세 가지 주요한 문제 영역이 등장한다. 첫째, 도시, 둘째, 농민 그리고 도시 인구와 농민의 관계, 셋째, (도시 문제에 밀접하게 연결된) 이민과 동화의 문제다. 확실히 이제 가족과 교회 등 이런저런 연구에서 문제가 다뤄지지 않은 사회 영역은 거의 존재하지 않는다. 미국 사회지학의 중심은 (1932년) 현재 시카고이며, 특히 도시 조사 연구 기법이 발전하고 있는 곳도 이 도시다. 서던 캘리포니아 대학교와 농촌사회학의 경우에는 중서부의 몇몇 소규모 대학도 중요한 구실을 하고 있다.

미국 사회지학이 획기적으로 발전하는 이유는 아마 미국 사회과학이 독특하게 제한돼 있기 때문일 듯하다. 역사가 짧은 나라에서 역사 연구는 주로 민족지학자가 다루는 주제이기 때문에 사회지학자들은 당대의 사회 문제에 최우선적인 노력을 기울이는 경향이 있다.⁶² 미국에서는 아직까지 유럽적 의미의 '사회 문제'가 등장한 적이 없고, 사회지학 연구는 주로 특정한 구체적인 문제들에 관련해서 등장한다.⁶³ 최근까지 지리적 이동성과 사회적 이동성이 상대적으로 컸기 때문에 유럽적 형태의 '계급 문제'가 전혀 등장하지 않았다. 빈번하게 진행되는 사회지학적 조사가 주제로 삼는 문제는 일반적으로 계급적 차이가 아니라 정반대, 곧 사회적 이동성이다.[64]

신문 기사 클리핑 서비스와 설문지, 종종 세부 사항까지 꼼꼼하게 표준화된 인터뷰 절차, 연구 클리닉을 비롯한 각종 혁신이 모두 대단히 획일적으로 적용되면서 미국식 조사 연구의 기법이 이례적으로 발전하는 사이에 조사 연구 자체가 무의미해질 위험성도 있다. 지금까지 미국의 사회지학은 통계 분석과 구체적인 관찰에 관한 풍부한 기술 사이에서 종합을 달성하지 못했다. 이를테면《폴란드 농민》처럼 인상적 개념화를 보여주는 연구에는 통계 분석이 전혀 들어 있지 않고, 반대로 통계학적 조사 연구는 종종 딱할 정도로 틀에 박힌 모습을 보인다.

아직 우리 앞에는 통합이라는 과제가 놓여 있다.

61 이를테면 L. L. Thurstone, "Attitudes Can Be Measured," *American Journal of Sociology*, vol. 33, 1928, p. 529 참조.

62 독일에서 역사주의가 막대한 영향력을 발휘하는 상황에 대비된다.

63 무엇보다도 최근에 진행되는 도시 조사 연구들이 대표적이다.

64 P. A. Sorokin and C. Zimmerman, *Social Mobility*, New York: Harper & Brothers, 1927 참조.

옮긴이 글

200년 전쯤 리넨 공장이 들어서는 바람에 농촌 마을에서 공장촌으로 변신한 소도시 마리엔탈은 인근 마을들을 비롯해 오스트리아-헝가리 제국 곳곳에서 노동자들이 모여들며 번성했다. 주민의 절대 다수가 공장 노동자이던 마리엔탈은 1929년 대공황의 직격탄을 맞았다. 공장이 문을 닫으면서 주민의 4분의 3인 1200여 명이 일자리를 잃었다. 바로 전에 오스트리아에 실업 급여 제도가 정착돼 실직자들이 실업 급여를 받을 수 있어서 그나마 다행이었다. 실업 급여 상한액이 2000년 화폐 가치로 한 달에 102달러라서 그다지 많지 않았지만, 아끼고 아끼면 겨우 살아갈 수는 있었다. 20~30주간 실업 급여가 지급되고 추가로 22~25주간 긴급 지원이 제공됐다. 한 가지 문제는 실업 급여를 받으려면 일체의 경제 활동을 해서는 안 된다는 사실이었다.

활기차던 소도시는 갑자기 공장을 철거하는 소리밖에 들리지 않는 쥐 죽은 듯 고요한 곳이 됐다. 사람들은 서서히 변해갔다. 노동, 일, 일자리 등 무엇으로 부르든 간에 생계를 버는 노동은 자존감의 기본적인 원천이다. 하루아침에 실업자가 된 마리엔탈 사람들이 생생하게 보여주듯이 자기 노동으로 생계를 벌지 못하게 되면 삶 자체가 무의미해진다. 기회가 줄어들고 열망 수준 자체가 낮아지면서 사람들은 무엇보다 먼저 의욕을 잃었다. 실업은 게으름을 낳았는데, 충분하지 못한 실업 급여는 가난한 게으름이라는 삶으로 이어졌다. 실직을 경험한 사람이라면 누구나 공감할 텐데, 서서히 일상이 허물어졌다.

시간관념도 없어지고, 하루가 어떻게 지나가는지 모르게 시간이 무의미하게 흘러가며, 걸음걸이까지 느려진다. "실업자는 하루가 13.5시간인 반면 노동자는 17시간이다. 실업자는 강제로 더 긴 여가 시간을 떠안지만, 노동자가 8시간 근무를 마친 뒤 즐기는 여가 시간은 꼼꼼히 짜여 있으며 비교할 수 없을 정도로 풍부하고 활동적이다"(155쪽). 반면 실업자는 '그럭저럭 시간을 때우다 보면' 점심때가 된다. 바로 어제에도 자기가 무엇을 했는지 좀처럼 기억을 떠올리지 못한다. 시간은 남아도는데 의미 있는 활동은 줄어든다. 노동자회관에서는 허무맹랑한 농담만 오가고, 신문이나 책도 잘 안 읽는다. 피곤하지도 않은데 매일 낮잠을 자고, 하는 일도 없는데 밥때에 맞춰 식탁에 앉지 않는다.

지은이들이 '사회적 인성 구조의 붕괴'라고 정의하는 상황이 펼쳐진다. '기대감과 활동의 위축, 시간 감각의 붕괴, 다양한 단계와 태도를 통해 빠져들게 되는 무기력 상태'(63쪽)라고 요약되는 분위기가 도시를 짓누른다. 각자의 경제 상황과 의지, 회복력에 따라 '온전-체념-절망-냉담'이라는 네 단계로 구분되는 실업자의 상황은 전반적으로 무력하기만 하다. 절망보다도 나쁜 상태가 냉담이라는 사실이 인상적이다. 냉담 단계는 세상만사에 아무런 반응도 보이지 않는 상태다. 인생에서 목적의식 자체가 사라진다.

전에 하던 공장 일이 마냥 좋기만 하지는 않았다. 단조롭고 고된 노동과 먼지 날리는 작업 환경 때문에 건강을 해치는 사람도 많았다. 그렇지만 정해진 출퇴근과 노동 시간은 일상에 질서와 의미를 부여했다. 노동 덕분에 저녁과 주말에 누리는 휴식이 더 달콤해졌다.

이제 모든 것이 바뀌었다. 이런 변화를 한마디로 요약하자면, 실업은 영혼을 잠식한다.

1933년에 나온 《실업자 도시 마리엔탈》은 순탄하지 못한 운명을 겪었다. 처음부터 나치의 위협 때문에 유대인이라는 사실이 분명히 드러나는 저자들 이름을 표지에 실을 수 없었고, 책이 출간되고 얼마 지나지 않아 탄압을 피해 각자 다른 나라로 몸을 피해야 했다. 1930년대 내내 나치즘이 불러온 위기와 전쟁이 코앞에 닥친 폭풍 전야의 상황 때문에 실업에 관해 차분히 생각할 여지가 없었다. 2차 대전 뒤에는 전후 복구에 열중하며 호황을 누리느라 20년이 넘도록 실업은 시야에서 사라졌다. 그러다가 1960년에 독일어판이 새로 나오고 1971년 영어판이 나온 뒤로 전공자들 사이에서 알음알음으로 읽혔다. 그런데 요즘 들어 인공 지능이 일자리를 위협한다는 소문이 흉흉한 와중에 여러 나라에서 이 책이 새롭게 관심을 끌고 있다. 공동체 전체의 실업이라는 독특한 상황을 현지 조사한 사례가 워낙 드물기 때문이다.

인공 지능을 앞세운 4차 산업혁명은 노동의 미래에 먹구름을 드리우고 있다. '고용 없는 성장' 시대는 결국 보통 사람들의 노동과 일자리에 어떤 미래를 가져올까? 현실은 극단적 비관론과 막연한 낙관론 사이의 어딘가를 따라 펼쳐지겠지만, 바야흐로 노동의 의미를 다시금 생각해봐야 한다. 완전 고용과 복지국가가 국가적 목표이던 시대는 저물고 있지만, 우리 앞에 놓인 미래는 불투명하기만 하다. 자기 밥벌이는 한다는 자부심이 보통 사람의 삶에서 얼마나 의미가 큰지, 그 의미를 잃을 때 삶이 어떻게 무너져 내리는지를 마리엔탈이라는 사례는 생생히 보여준다. 어쩌면 어정쩡한 '기본 소득'보다 '기본 노동'이 더욱 필요할지 모른다는 교훈을 일깨운다.

오스트리아에서는 1918년에 하루 8시간 노동제가 확립됐는데, 세 지은이를 포함한 연구팀은 10년이 지난 시점에서 노동자들이 늘어난 여가 시간을 활용하는 현실을 조사하겠다는 야심찬 계획을 세웠다. 사회민주당을 이끌던 오토 바우어는 이런 계획을 들고 조언을 구하러 찾아온 연구팀을 핀잔주면서 대공황으로 아수라장이 된 지금은 오히려 실업자들이 놓인 상태를 조사해야 할 때라고 따끔하게 가르쳤다. 마리엔탈을 조사 대상으로 추천한 사람도 바우어였다. 그때만 해도 실업자는 산업예비군으로서 언제든 사회주의 혁명을 일으킬 수 있는 불온한 집단이라고 여겨졌다. 그렇지만 《마리엔탈》에서 확인되듯 실업은 혁명이 아니라 체념과 무기력을 안겨준다.

"우리는 과학자로서 마리엔탈에 와서 단 하나의 바람만을 품고 떠난다. 이런 조사 연구를 수행할 수 있는 비극적 기회가 우리 시대에 다시 생겨나서는 안 된다는 바람이다"(197쪽). 유감스럽지만 지은이들이 책을 마무리하며 밝힌 기대는 어긋났다. 언제부터 대량 실업은 일상적 풍경이 됐고, 이제 일자리 감소가 아니라 일자리 소멸을 걱정하는 목소리가 들려온다. 그렇지만 더 나은 세상을 만들기 위해 궁리하고 현장으로 뛰어드는 젊은 지식인과 눈앞의 현실에서 시급히 필요한 과제를 던져준 노회한 대가의 일화는 한 가닥 희망의 빛을 보여준다. 지금 여기의 오토 바우어와 야호다, 라차르스펠트, 차이젤인 사람들에게 이 책을 건네고 싶다.

2021년 9월

유강은

찾아보기